Willi Marxsen   Der erste Brief an die Thessalonicher

Zürcher Bibelkommentare

herausgegeben von
Georg Fohrer, Hans Heinrich Schmid und Siegfried Schulz

Willi Marxsen

Der erste Brief
an die Thessalonicher

TVZ   **Theologischer Verlag Zürich**

CIP-Kurztitelaufnahme der Deutschen Bibliothek

Marxsen, Willi:
Der erste Brief an die Thessalonicher / Willi Marxsen. – Zürich: Theologischer Verlag, 1979.
(Zürcher Bibelkommentare: Neues Testament; 11,1)
ISBN 3-290-14724-X

Typographische Anordnung von Max Caflisch
Printed in Germany by Buch- und Offsetdruckerei Sommer, Feuchtwangen

Inhaltsverzeichnis

Vorwort

Die Thessalonicherbriefe zählt man im allgemeinen nicht zu den Hauptschriften des Neuen Testaments. Wohl auch deswegen finden sie meist wenig Beachtung. Ist nun eine solche Qualifizierung ohnehin schon nicht unproblematisch, scheint mir auf jeden Fall zumindest frag-würdig, ob man diese Konsequenz daraus ziehen darf. Ich möchte jedenfalls zu zeigen versuchen, daß sie nicht berechtigt ist. Die Gründe dafür sind freilich beim 1. Thess. und beim 2. Thess. jeweils andere.

Der Kommentar ist das Ergebnis einer langjährigen Beschäftigung mit diesen beiden Schriften. Der fachkundige Leser wird ihm das wahrscheinlich abspüren. Er wird erkennen, auch ohne daß immer ausdrücklich darauf verwiesen wird, wo ich die bisherige Auslegung weiterführe oder auch korrigiere. Für den nicht fachkundigen Leser bringt die lange Beschäftigung mit den Briefen einen anderen Vorteil. Was zu Beginn und inmitten wissenschaftlicher Arbeit oft kompliziert erscheint, kann, wenn man den Weg durch diese Arbeit wirklich hindurchgegangen ist, am Ende doch gerade recht einfach gesagt werden.

Wegen des «Schattendaseins», das diese Briefe führen, eignen sie sich nun aber auch vielleicht eher als andere für ein methodisches Experiment. Ein solches wird in diesem Kommentar unternommen. Es besteht vor allem darin, daß die einzelnen exegetischen Schritte ausdrücklich reflektiert werden. Damit wird dann (freilich meist implizit) an manchem vertrauten und darum für selbstverständlich gehaltenen Vorgehen bei der Auslegung Kritik geübt. Der Kommentar möchte ganz bewußt nicht einfach und nur das Ergebnis der exegetischen Arbeit vortragen, sondern immer auch zeigen (und das schon in seiner Anlage), wie Exegese eigentlich geschehen sollte. Vielleicht kann er damit zugleich dazu anregen, auch bei anderen Briefen entsprechend zu verfahren.

Vorgelegt wird zunächst der Kommentar zum 1. Thess. Der Kommentar zum 2. Thess. erfordert, da ich Paulus nicht für den Verfasser des Briefes halte, ein methodisch noch einmal sehr anderes Vorgehen. Ich hoffe, daß er 1980 erscheinen kann.

Danken möchte ich meiner Sekretärin, Frau Ingrid Augustin, für das sorgfältige Schreiben, meinem Assistenten, Dr. Gerhard Sellin, für kritische Durchsicht des Manuskripts und für die Anfertigung des Registers, stud. phil. Marina Loest und stud. theol. Angela Schiller für Hilfe bei den Korrekturen.

Münster, am 22. Januar 1979   Willi Marxsen

Notwendige Vorbemerkungen

Die nachfolgende Auslegung des 1. Thess. geht von drei eigentlich selbstverständlichen Voraussetzungen aus, die aber weder bei der Auslegung noch bei Benutzern von Kommentaren immer genügend beachtet werden.

1) Ziel der Auslegung ist, möglichst klar zu erfassen, was Paulus mit diesem Brief den Thessalonichern damals sagen wollte. Auslegung ist also eine *historische Arbeit*, die *im Abstand* geschieht. Christen treiben sie zwar in der Erwartung, daß das, was Paulus den Thessalonichern sagen wollte, auch ihnen etwas zu sagen hat. Diese Erwartung darf aber nicht schon die Auslegung bestimmen. Sonst besteht die Gefahr, daß man gar nicht mehr wirklich auf Paulus hört. Der Apostel hat bei der Abfassung des Briefes konkrete Leser in einer bestimmten Situation mit bestimmten Fragen und Problemen vor Augen. Darum schreibt er ihnen gerade das, was er schreibt; und darum schreibt er es ihnen gerade so, wie er es ihnen schreibt. Anderen schreibt er anderes; und er schreibt es anders. Der 1. Thess. kann also nur in strenger Beziehung auf die damaligen konkreten Leser wirklich verstanden werden. So wenig nun aber gegenwärtige Leser die von Paulus Angeredeten sind, so wenig sind es auch andere paulinische Gemeinden. Im Laufe der Auslegung wird sogar deutlich werden, daß der 1. Thess. in mehrfacher Hinsicht von anderen Paulusbriefen abweicht. Die Auslegung muß sich daher auch vor der Gefahr hüten, einseitige (einmal sogar zugespitzte) Aussagen, die Paulus den Thessalonichern gegenüber für nötig hält, vorschnell mit Aussagen aus anderen Paulus-Briefen zu harmonisieren.

Der Kommentar wird daraus seine Konsequenzen ziehen. Der historische Abstand wird so weit wie irgend möglich gewahrt. Andere Aussagen des Paulus (die im übrigen ausnahmslos aus späterer Zeit stammen) werden nur mit größter Zurückhaltung zum Verstehen des 1. Thess. herangezogen. Und bewußt nur sparsam werden Möglichkeiten angedeutet, wie von den uns manchmal fremden damaligen Aussagen die Gegenwart erreicht werden könnte.

2) Paulus setzt mit diesem Brief (der wie jeder Brief ein «halbiertes Gespräch» ist) ein *Gespräch* fort, das mit seinem Kommen nach Thessalonich begonnen hat. Der 1. Thess. stellt also den vorläufig letzten Gesprächsgang dar, der selbst aber eine längere Vorgeschichte hat. Es dürfte einleuchten, daß es zum Verstehen dieses letzten Gesprächsganges nötig ist, seine Vorgeschichte so genau wie möglich zu kennen. Paulus kann diese beim Schreiben des Briefes bei den Lesern als bekannt voraussetzen; und den Thessalonichern ist sie beim Lesen bekannt. Wir dagegen können sie nur durch Rekonstruktion erschließen. Dazu muß einerseits der 1. Thess. selbst helfen; andererseits können es vielleicht auch andere Dokumente. Dennoch müssen wir mit der Möglichkeit rechnen, daß wir manches aus dieser Vorgeschichte nicht mehr völlig aufhellen können. Wo das der Fall ist, ist der Auslegung eine Grenze gesetzt; denn wenn wir nicht mehr ermitteln können, warum Paulus gerade das sagt, was er sagt, dann können wir zwar immer noch nachlesen, was er sagt. Doch dieses Was bleibt dann oft sehr farblos, weil es ohne Beziehung zur konkreten Geschichte bleibt. Damit kann man aber meist nicht mehr viel anfangen.

Wenn dieser Kommentar sich also bemüht, im Rahmen einer relativ ausführlichen Hinführung zur Auslegung u. a. auch in einer «Geschichte des Paulus mit der Gemeinde in Thessalonich» das vorangegangene Gespräch so deutlich wie möglich zu rekonstruieren, dann wird damit kein schmückendes Beiwerk vorgelegt, das nun einmal üblicherweise zu einem Kommentar dazugehört, sondern dann handelt es sich um einen unumgänglich nötigen Arbeitsschritt zum Verstehen. Dabei liegt natürlich ein Zirkel vor. Die Darstellung der Vorgeschichte des Briefes setzt bereits eine (zumindest ungefähre) Kenntnis des 1. Thess. (und anderer Dokumente) und deren Auslegung voraus. Die Informationen, die über die Vorgeschichte geboten werden (die bei Paulus und den Lesern als bekannt vorausgesetzt werden können), müssen bei der späteren Auslegung des 1. Thess. ebenfalls vorausgesetzt werden. Ohne ihre Kenntnis und Beachtung kann die Auslegung nicht wirklich gelingen.

3) Ein *Brief* ist (wenigstens normalerweise) eine *geschlossene literarische Einheit.* Die einzelnen Abschnitte (erst recht einzelne Verse) können nur dann richtig verstanden werden, wenn man sie im Rahmen dieser Einheit versteht. Niemand, der heute einen Brief erhält, würde auf die Idee kommen, zuerst die Seite 3, dann die Seite 2, danach die Seite 5 zu lesen. Nicht einmal mit Briefen, die an uns gerichtet sind, gehen wir so um. Bei fremden Briefen ist das aber erst recht unmöglich. Wer sich darum (aus welchen Gründen immer) für einen bestimmten Abschnitt (oder gar nur für einen bestimmten Vers) aus dem 1. Thess. interessiert, hat nur dann die Chance, ihn richtig zu verstehen, wenn er zunächst den Inhalt des *ganzen* Briefes wirklich zur Kenntnis genommen hat. Und nur wenn er ihn verstanden hat, wird er ihn doch wohl benutzen dürfen. Mit ganz großem Nachdruck muß darauf hingewiesen werden, obwohl es eine Selbstverständlichkeit sein sollte, denn gar zu oft wird mit (angeblich) paulinischen Sätzen Mißbrauch getrieben. – Aber auch der, der den Brief fortlaufend (jedoch in Abschnitten) liest, wird die ersten Abschnitte nur dann wirklich verstehen, wenn er das Nachfolgende schon kennt. Da zumindest der Schreiber weiß, was er später noch sagen will, bestimmt dieses Wissen bereits die Gestaltung des Vorhergehenden mit. Die Auslegung muß also vom Ganzen ausgehen und von dort aus zum Verstehen des Einzelnen führen.

Selbstverständlich liegt auch hier wieder ein Zirkel vor: Ein präziseres Verstehen des Einzelnen wird das Verstehen des Ganzen vertiefen, kann auch zu einer Modifizierung des vorlaufenden Verständnisses des Ganzen führen. Einsteigen sollte man in diesen Zirkel aber immer beim Erfassen des Ganzen, auch wenn es zunächst nur einen mehr oder weniger deutlichen Eindruck vermittelt, der erst später mehr Profil und genauere Konturen gewinnt. Das Ganze bildet eben eine organische Einheit. Das aber ist etwas sehr anderes als eine Summe von Einzelheiten.

Entsprechendes gilt von diesem Kommentar. Auch er ist eine Einheit und kann sinnvoll nur benutzt werden, wenn er zunächst ganz gelesen wird. *Daher setzt die Lektüre des Kommentars voraus, daß vorher der ganze 1. Thess. gelesen worden ist.* Der Kommentar will keine Auslegung bieten, die (orientiert an einzelnen Abschnitten oder gar Versen) nachgeschlagen werden kann. Er ist vielmehr am Zirkelcharakter jeder Auslegung orientiert und bringt daher schon in seiner Anlage zum Ausdruck, wie Auslegung zu geschehen hat.

Im *ersten Teil* des Kommentars wird also eine Hinführung zur Auslegung geboten. In einem ersten Abschnitt wird dabei nach der Vorgeschichte des Gesprächs gefragt, das Paulus bisher mit den Thessalonichern geführt hat. In einem zweiten Abschnitt wird zusammen mit dem bisher gewonnenen Ergebnis der letzte Gesprächsgang (also der Inhalt des 1. Thess.) im Überblick betrachtet. Dabei kommt es vor allem darauf an, eine Gliederung zu gewinnen, Tendenz und Tenor des Ganzen zu erfassen, die Zusammenhänge der Teile untereinander herauszustellen, aber auch offene Fragen aufzudecken, die erst beantwortet werden können, wenn man genauer auf Einzelheiten achtet.

Darauf geht dann der *zweite Teil* des Kommentars ein, der nun (nach einer Übersetzung) Abschnitt für Abschnitt auslegt und das bisher Erkannte vertieft. Die Einheit
des Ganzen kommt dabei insofern zum Ausdruck, als sehr oft Verweise auf andere
Stellen des 1. Thess. geboten werden, die zum Verstehen heranzuziehen sind. – Bewußt verzichtet wird aber auf eine Anhäufung von Verweisen auf Stellen in anderen
Paulus-Briefen oder in anderen biblischen Schriften. Das geschieht nicht in erster
Linie, weil solche Verweise nach aller Erfahrung doch kaum nachgeschlagen werden, also überflüssig sind, sondern vor allem, weil diese Bibelstellen nur hilfreich
sein können, wenn sie in ihrem eigenen Kontext ausgelegt werden. Das kann hier
aber nicht geleistet werden. Finden sich dennoch gelegentlich solche Verweise, sollten sie aber immer nachgeschlagen werden. Sie bereiten meist den letzten Abschnitt
des Kommentars vor (S. 74–77).

Zeichenerklärung

( ) Was in der Übersetzung in runden Klammern steht, hat im allgemeinen Anhalt
am griechischen Text. Hier werden z. B. Worte wiederholt, die im griechischen
Text nur einmal stehen, sinngemäß aber mehrfach genannt werden sollten, gelegentlich auch Übersetzungsvarianten.

[ ] In eckigen Klammern stehen Worte, die im griechischen Text nicht vorkommen,
die aber sinngemäß hinzuzudenken sind, um die gelegentlich knappe Ausdrucksweise des Paulus besser zu verstehen.

I. Hinführung zur Auslegung

A. Die Geschichte des Paulus mit der Gemeinde in Thessalonich

Bei der Rekonstruktion dieser Geschichte soll zunächst von einigen leicht erkennbaren äußeren Daten ausgegangen werden. In eine so entworfene Skizze sollen alsbald Ereignisse einbezogen werden, die sich jeweils zugetragen haben, erkennbare
Situationen, Stimmungen usw. Ein zweiter Abschnitt geht sodann näher auf Inhalte
des bisher geführten Gesprächs ein.

1. Der chronologische und geographische Hintergrund

Aus dem 1. Thess. lassen sich unmittelbar folgende Angaben erheben: Paulus traf,
aus Philippi kommend, in Thessalonich ein (2,1f.), wo er eine Gemeinde gründete
(1,9f.) und in ihrer Mitte lebte und wirkte (2,2–13). Nachdem der Apostel die Gemeinde verlassen hatte, hat er mehrfach versucht, erneut zu ihr zu gelangen, wurde
aber daran gehindert (2,17f.). Er war dann in Athen, von wo aus er Timotheus nach
Thessalonich sandte (3,2.5). Dieser ist inzwischen zu Paulus zurückgekehrt (3,6).
Wo der Apostel sich jetzt aufhält, sagt er nicht. Wir erfahren lediglich, daß die guten
Nachrichten, die Timotheus über den Christenstand der Thessalonicher mitbrachte,
dem Apostel nicht selbstverständlich gewesen sein können. Überschwenglich stellt
er ihre Wirkung auf sich selbst dar (3,6–8). Das muß ihn auch den Christen gegen-
über, unter denen er sich jetzt aufhält, in eine andere Situation gebracht haben.
Ausdrücklich betont er, daß *diese* es seien, die nun zu ihm kommen und von seinem
Wirken in Thessalonich erzählen (1,8b.9a). Paulus hat jetzt den dringenden
Wunsch, die Gemeinde zu besuchen, um ihr bei der weiteren Festigung ihres Glaubens zu helfen (3,10). Da das offenbar nicht möglich ist, schreibt er den Brief, den
man also als vorläufigen Ersatz für seine Anwesenheit verstehen muß.
Diese Angaben in die Chronologie des Paulus einzuordnen, gelingt für den Anfang
relativ leicht mit Hilfe der Apg. Paulus befindet sich zusammen mit Silvanus (in der
Apg.: Silas; 15,40) und Timotheus (16,1f.) auf der *sogenannten zweiten Missionsreise.* Sie hat ihn von Antiochien aus (15,35ff.) zunächst quer durch Kleinasien geführt (u. a. durch das galatische Land; 16,6). Dann zog er in Europa auf der Via
Egnatia (der großen römischen Heerstraße, die Byzanz mit der Adria verband) nach
Westen. Schließlich kam er von Philippi (16,12ff.) nach Thessalonich (17,1).
Thessalonich, am Meerbusen von Therme gelegen, wurde ca. 315 v. Chr. von Kas-
sandros gegründet und nach seiner Frau, einer Halbschwester Alexanders des Großen, benannt. Seit 168 v. Chr. unter römischer Herrschaft, wurde Thessalonich 148
v. Chr. Landeshauptstadt der Provinz Makedonien und Residenz des Statthalters.
Als wichtigste Hafen- und Handelsstadt Makedoniens nahm ihre Bedeutung ständig
zu. Nach Apg. 17,1 befand sich am Ort eine Synagoge.
Wie lange Paulus sich in Thessalonich aufhielt, ist nicht sicher anzugeben. 2,2–13
lassen jedoch vermuten, daß es mehr als nur drei Wochen waren (wie Apg. 17,2 na-
helegen könnte). Fest steht aber, daß Paulus im 1. Thess. auf bisher nur einen Aufenthalt in Thessalonich zurückblickt. Vor einige Schwierigkeiten stellt uns jedoch
die Rekonstruktion des Weges, den der Apostel seit dem Verlassen der Gemeinde

bis zur Abfassung des Briefes zurücklegte, und zwar sowohl hinsichtlich der Dauer als auch der Route. Da in dieser Zeit das Gespräch mit der Gemeinde (wenn auch nur mittelbar über Timotheus) weitergeführt wurde, kann die Rekonstruktion für die Auslegung von Bedeutung sein.

Nach der Apg. ging Paulus von Thessalonich zunächst nach Beröa (17,10). Dort blieben Silas und Timotheus zurück (17,14), als er selbst nach Athen weiterzog. Von hier aus gab er Anweisung, daß seine Begleiter zu ihm zurückkehren sollten (17,15). Diese trafen jedoch erst wieder bei ihm ein, als er bereits in Korinth war (18,5). – Stimmen können diese Angaben indes nicht, denn *nach dem 1. Thess.* waren die Begleiter gerade in Athen beim Apostel, da er von dort aus Timotheus nach Thessalonich schickte (3,1). Dieser ist inzwischen zu ihm zurückgekehrt; wohin aber?

Die Rückkehr des Timotheus zu Paulus wird kaum nach Athen erfolgt sein, denn die Erwähnung Athens in 3,1 geschieht so, daß damit ein anderer als der jetzige Aufenthaltsort des Apostels gemeint sein dürfte. Die nächste Station war Korinth. Die Apg. wird vermutlich darin recht haben, daß die Rückkehr nach Korinth erfolgte. Hier hielt Paulus sich 18 Monate auf (Apg. 18,11), also eine für die Reise des Timotheus (Athen-Makedonien-Korinth) ausreichende Zeit.

Nun wissen wir aber auch von Paulus selbst, daß bei seinem (ersten) Aufenthalt in Korinth «Brüder aus Makedonien» zu ihm kamen und ihm aus finanziellen Schwierigkeiten heraushalfen (2. Kor. 11,9). Die mitgebrachte Gabe muß allerdings aus Philippi gekommen sein, da Paulus ausschließlich von dieser Gemeinde Unterstützungen angenommen hat (vgl. Phil. 4,15), auch schon in Thessalonich von dort unterstützt worden war (Phil. 4,16). Es spricht nun zumindest nichts dagegen, daß Timotheus außer Thessalonich auch Philippi besucht hat und (zusammen mit Begleitern von dort) bei Paulus eintraf. (Im 1. Thess. mußte der Apostel das nicht ausdrücklich erwähnen, denn da kam es nur auf den Boten nach Thessalonich, Timotheus, an. Dennoch klingt 1,7 so, daß Verbindungen über die Stadt hinaus nach Makedonien in den Blick kommen.) Die Annahme der Rückkehr des Timotheus gerade nach Korinth wird auch dadurch gestützt, daß nach Apg. 18,5 Paulus seit der Ankunft des Timotheus frei zur Verkündigung war, d. h. wegen der empfangenen Gabe seinen Unterhalt nicht mehr mühsam durch Handarbeit erwerben mußte (vgl. wieder 2. Kor. 11,9).

So lassen sich **Abfassungsort** und **Abfassungszeit** des 1. Thess. mit ausreichender Sicherheit bestimmen. Da der Apostel den Brief offenbar schon bald nach der Rückkehr des Timotheus geschrieben haben wird (Paulus steht sichtbar unter dem frischen Eindruck der Freude über die guten Nachrichten 3,6–8 und der Wirkung dieser Nachrichten auf andere Christen am Ort 1,8b–9a), kann Korinth als Abfassungsort gelten.

Wir sind jetzt sogar in der Lage, den Zeitpunkt ziemlich genau anzugeben (genauer als bei jedem anderen Paulus-Brief). Der Apostel traf in Korinth mit dem Prokonsul Gallio zusammen (Apg. 18,12). Dieser wird in einer Inschrift auf einem Stein erwähnt, von dem vier Fragmente Anfang unseres Jahrhunderts in Delphi (Achaja) gefunden wurden. Diese sogenannte Gallio-Inschrift [1] ermöglicht eine ungefähre Datierung der Amtszeit des Statthalters, nämlich um 50/51 n. Chr. Ungefähr zu dieser Zeit muß Paulus also den Brief geschrieben haben. Die *Gründung der Gemeinde*

---

[1] Text bei C. K. Barrett, Die Umwelt des Neuen Testaments, 1959, S. 58f.

in Thessalonich dürfte dann *etwa 49 n. Chr.* erfolgt sein. Der 1. Thess. ist der älteste (erhaltene) Paulus-Brief.

Der Apostel schrieb ihn in einer Zeit, in der er mindestens von einem doppelten Druck gerade befreit worden war. Die Thessalonicher, um die er sich gesorgt hatte, waren bei seinem Evangelium geblieben; und seine eigenen finanziellen Schwierigkeiten waren behoben. Wahrscheinlich läßt sich aber noch mehr sagen, was die Stimmung dieses Briefes noch verständlicher macht. Paulus scheint nämlich in einer Krise gestanden zu haben, die sein ganzes Missionswerk im Westen gefährdete. Das läßt sich erschließen, wenn man mehrere indirekte Hinweise miteinander kombiniert.

Wir haben schon gesehen, daß die Angaben der Apg. über Ereignisse zwischen dem Weggang des Paulus aus Thessalonich und dem Eintreffen in Korinth nicht stimmen können, soweit sie von Anwesenheit und Abwesenheit der Begleiter handeln. Da diese historisch falschen Angaben aber eng mit der in der Apg. gezeichneten Reiseroute zusammenhängen, wird man die Frage stellen müssen, ob diese überhaupt stimmt. Wenn Paulus nämlich von Thessalonich über Beröa nach Athen zog, auf diesem Wege den dringenden Wunsch hatte, die Gemeinde erneut zu besuchen (2,17f.), ist zumindest angesichts dieses geraden Weges nicht ganz verständlich, warum er diesem Wunsch nicht nachgeben konnte. Anders ist es dagegen, wenn Paulus tatsächlich einen anderen Weg gezogen ist, auf dem eine Rückkehr nicht so einfach möglich war, und wenn in diesem Zusammenhang noch andere Hinderungsgründe erkennbar werden [2].

Wir wissen, daß Paulus schon sehr früh die Absicht gehabt hat, nach Rom zu gelangen (Röm. 1,13), aber vielfach (!) daran gehindert wurde (Röm. 15,22). Da Paulus keine Daten nennt, läßt sich nicht exakt sagen, wann das war. Die Absicht muß jedoch lange vor der Abfassung des Röm. (auf der sogenannten dritten Missionsreise) bestanden haben. Das läßt dann die Frage stellen, ob nicht auf der sogenannten zweiten Missionsreise das ursprüngliche Ziel des Paulus Rom war. Auf der Via Egnatia bewegte er sich jedenfalls in dieser Richtung. Hat er nun Thessalonich verlassen, um nach Rom weiterzuziehen?

Nach Apg. 17,5–10 ist Paulus zwar unter äußerem Druck aus Thessalonich weggegangen; doch läßt der 1. Thess. gerade davon nichts erkennen. Das könnte dafür sprechen, daß die Abreise planmäßig geschah, nachdem die Gemeinde in Philippi ihm Reisegeld zur Verfügung gestellt hatte (Phil. 4,16). Wir wissen sodann, daß Paulus einmal an der Adria gewesen sein muß, denn nach Röm. 15,19 hat er von Jerusalem bis Illyrien (an der Adria, etwa im Gebiet des heutigen Albanien) das Evangelium verkündigt. Diese sogenannte «Reise nach Illyrien» läßt sich aber auf der dritten Missionsreise (kurz vor Abfassung des Röm.) nicht unterbringen. (Dagegen sprechen vor allem die Daten, die sich aus der Korrespondenz des Paulus mit Korinth entnehmen lassen.) Unterstellt man jetzt aber, daß Paulus Thessalonich verließ, um nach Rom zu gelangen, läßt sich sogar angeben, warum er sein Ziel nicht erreichte. Eben zu dieser Zeit (49 n. Chr.) wurde das Claudius-Edikt erlassen. In Rom war es innerhalb der Judenschaft zu jüdisch-christlichen Auseinandersetzungen mit Unruhen und Tumulten gekommen. Kaiser Claudius ordnete daraufhin an, daß «die Juden» Rom verlassen mußten. (Wegen der großen Zahl der Juden in Rom wird man das kaum wörtlich nehmen dürfen. Betroffen waren wohl vor allem die Leiter bzw. die an den Unruhen Beteiligten.) Wenn Paulus nun aber an der Adria

---

[2] Vgl. dazu A. Suhl, Paulus und seine Briefe, 1975, S. 92–96.

auf ausgewiesene Juden stieß und dabei den Grund für die Ausweisung erfuhr, konnte es für ihn nicht ratsam sein, nun selbst in die Hauptstadt zu reisen. Er änderte sein Ziel. Statt Rom strebte er jetzt Korinth an.

Paulus zog dann aber an der *West*küste Griechenlands nach Süden. Er mußte jetzt wirklich in Sorge sein um die gegründeten Gemeinden, und das nicht nur, weil sie auf seinen Rat und seine Hilfe verzichten mußten. Solche Sorge war bei Durchführung seines Reiseplans immer gegeben und darum eigentlich selbstverständlich. Nun aber tauchte die Frage auf, ob das Claudius-Edikt auch im Reich Nachwirkungen haben würde. Die mußten dann die Gemeinden erheblich gefährden. Von der Westküste Griechenlands war es (wegen der fehlenden Querverbindungen nach Osten) schwer, nach Thessalonich zu gelangen. Mehrfache Versuche des Apostels scheiterten (2,17f.). Wenn er hier «Satan» als den bezeichnet, der ihn an der Rückkehr nach Thessalonich hinderte, deutet das wohl darauf hin, daß Paulus nach dem Scheitern des Planes der Romreise an der Adria in einer ziemlich verzweifelten Situation gewesen sein muß. Außerdem ging ihm das Reisegeld aus. So schickte er dann von Athen aus lediglich Timotheus nach Thessalonich.

Er selbst zog nach Korinth weiter, wo er alsbald wieder mit einer Auswirkung des Claudius-Edikts konfrontiert wurde. Er traf das Ehepaar Aquila und Priszilla, das wegen dieses Edikts aus Rom ausgewiesen und kurz vorher in Korinth angekommen war (Apg. 18,2). Hier konnte er nun zwar Arbeit finden. Er muß aber sehr zurückgezogen gelebt haben, und das keineswegs nur, weil ihm die Arbeit keine Zeit ließ, missionarisch und verkündigend tätig zu sein, denn gearbeitet hat Paulus schließlich auch während seiner Wirksamkeit in Thessalonich (2,9). Die Zurückhaltung hing vielmehr mit der Situation zusammen, in der er sich anfänglich in Korinth befand. Sie war in jeder Hinsicht unsicher und bedrückend. Auf lebendige Gemeinden, die er gegründet hatte, konnte er nicht verweisen. Ein zu auffälliges Auftreten in Korinth war gefährlich. Paulus mußte befürchten, daß seine gesamte Missionsarbeit (nicht nur in Thessalonich) durch den «Versucher» vergeblich geworden war (3,5). Auf diesem Hintergrund bekommen die spärlichen Andeutungen Farbe, mit denen Paulus den totalen Stimmungswandel erkennen läßt, den die Rückkehr des Timotheus (und die Ankunft anderer Brüder aus Makedonien) bei ihm auslöste. Aus *«ananke»* (dem «Zwang», unter dem er stand) und «Trübsal» (die ihn bis dahin beherrschte) ist er befreit (3,7) und kann sagen, daß er jetzt endlich «wieder lebe» (3,8). Er braucht nicht einmal von sich aus tätig zu werden, sondern die aus Makedonien Angekommenen erzählen von den von Paulus gegründeten Gemeinden; und so sind es Korinther, die ihn aus seiner Zurückhaltung herausholen (1,9a).

Paulus schreibt den 1. Thess. also als *Freudenbrief*. Seine überschwengliche Freude bringt er darin zum Ausdruck und gibt den Thessalonichern Anteil daran. Sie haben diese Freude durch ihr Festhalten am Evangelium ja auch mitbewirkt. Da das aber dem Paulus (bisher wenigstens) nicht selbstverständlich war, fragen wir nun, was sich über die bisherige Geschichte der Gemeinde in Thessalonich erkennen läßt.

2. Der Inhalt des bisherigen Gesprächs

Das Gespräch des Paulus mit der Gemeinde begann mit seiner Missionsverkündigung und setzte sich dann in seinem Wirken am Ort bis zu seinem Weggang fort. Das ist nur scheinbar eine simple Feststellung, denn beides ist durchaus zu unterscheiden. Man muß daher versuchen, beides in je seiner Besonderheit möglichst plastisch zu erkennen, da es den Hintergrund dessen bildet, was Paulus und der Gemeinde bekannt war, für die Auslegung des 1. Thess. also vorausgesetzt werden muß.

a) Die Missionsverkündigung des Paulus

Wenn man die Inhalte der paulinischen Missionsverkündigung angeben will, muß man sich vor einem Kurzschluß hüten, dem man leicht verfällt. Aus den Briefen des Apostels kennen wir sein «Evangelium». Aber diese Briefe sind ausnahmslos keine Zeugnisse kirchen*gründender*, sondern sie sind Zeugnisse kirchen*erhaltender* Predigt. Sie setzen also die Missionsverkündigung und die Annahme der Inhalte der Missionsverkündigung voraus. Sie setzen dann aber vor allem den Umgang der Gemeinde mit der Botschaft des Apostels nach dessen Weggang voraus. Dabei gab es sowohl ein Festhalten als auch ein Verfehlen der Botschaft. Manches war unklar geblieben. Mißverständnisse traten ein. Fremde Einflüsse (auch von Gegnern) machten sich bemerkbar. Schließlich gab es auch ein Versagen in der Praxis des Lebens. Die Briefe haben jetzt den Sinn, neu an die Botschaft heranzuführen, Korrekturen anzubringen, Mißverständnisse zu beseitigen, nicht wirklich Verstandenes näher zu erläutern und angesichts manchen Versagens zu ermahnen und zurechtzuweisen. So kann man zwar voraussetzen, daß die Botschaft des Anfangs in den Briefen wiederkehrt; aber sie begegnet dann immer entfaltet. Was Paulus wirklich getan und gesagt hat, wenn er neu in eine Stadt kam, wo er mit seiner Tätigkeit begann, was er jeweils voraussetzen und wo er anknüpfen konnte, muß daher rekonstruiert werden. Eine zu direkte Orientierung an den Aussagen der Briefe vermittelt ein falsches Bild. Die Fragen, auf die wir dabei stoßen, sind nicht in jedem Fall sicher zu beantworten. Dennoch muß versucht werden, für Thessalonich den **«Anfang des Gesprächs»** herauszuarbeiten.

Nach der Apg. begann Paulus seine Mission in der makedonischen Hauptstadt in der Synagoge (17,1). Ausdrücklich wird dazu bemerkt, daß das seiner Gewohnheit entsprach (17,2). Als Inhalte der Verkündigung werden angegeben: Leiden (Tod) und Auferstehung Christi und die Messianität Jesu (17,3). Erfolg hatte Paulus mit seiner Mission bei einigen Juden, denen sich eine große Menge Gottesfürchtiger und nicht wenige Frauen der Vornehmen anschlossen (17,4). – Nun hat man schon lange erkannt (und in anderem Zusammenhang wurde oben bereits darauf hingewiesen), daß den Angaben der Apg. gegenüber eine gewisse Vorsicht geboten ist. Ihr Verfasser stellt die Vergangenheit in späterer Zeit aus seiner Sicht dar. Dabei geht er oft nach einem Schema vor. In unserem Text gehört sicher dazu die Erwähnung der vornehmen Frauen, denn die Apg. erzählt gern Bekehrungen aus ersten Kreisen (vgl. 17,12). So müssen drei Fragen gestellt werden, die z. T. miteinander zusammenhängen: Begann Paulus die Mission wirklich in der Synagoge? Ist der Inhalt der Verkündigung richtig angegeben? Setzte die Gemeinde sich gerade so zusammen, wie die Apg. angibt? *Nach den Angaben des 1. Thess.* erhält man andere, mindestens aber modifizierte Antworten.

Aufschlußreich ist zunächst 1,9b–10, wo Paulus (wenn auch indirekt) den Inhalt seiner Missionsverkündigung nennt. Die Auslegung wird zwar zeigen, daß der Apostel hier nicht selbst formuliert hat, sondern ein vorgegebenes Schema übernimmt. Dennoch muß es ungefähr das enthalten, was Paulus nach Thessalonich brachte, denn die Leser mußten sich ja daran erinnern können. Sie haben sich von den Götzen abgewandt und dienen nun dem lebendigen und wahren Gott. Sie müssen also vorher Heiden gewesen sein. Darüber hinaus läßt der Brief auch nirgendwo erkennen, daß es Juden in der Gemeinde gab. Die sogenannte Judenpolemik (2,14–16) scheint das sogar auszuschließen.

Man hat daher gelegentlich die Frage gestellt, ob Paulus mit seiner Mission überhaupt in der Synagoge begonnen hat, oder ob das einem Schema der Apg. entspricht. Zur Begründung hat man auf die Abmachungen auf dem Apostelkonvent in Jerusalem verwiesen, zu denen auch die Aufteilung der Mission gehörte: Petrus sollte zu den Juden, Paulus zu den Heiden gehen (Gal. 2,7). Wenn Paulus sich daran gehalten hat, konnte er doch kaum mit seiner Mission in den Synagogen beginnen. Es ist jedoch fraglich, ob man so argumentieren darf. Zunächst ist schon exegetisch umstritten, ob die Abmachung über die Teilung der Mission ethnisch oder geographisch gemeint war, ob also eine Aufteilung zwischen Juden und Heiden unabhängig von deren Wohnsitz vorliegt, oder ob die Gebiete zu unterscheiden sind, in denen (vorwiegend) Juden bzw. Heiden lebten. Im zweiten Fall konnte Paulus durchaus, als er nach Westen zog, Synagogen zur Mission besuchen, ohne die Abmachung zu verletzen. Sodann aber ist zu bedenken, daß zur Zeit des Apostelkonvents eine Missionsreise des Paulus nach Westen noch gar nicht im Blickpunkt der Überlegungen stand. Es spricht sehr viel dafür, daß Paulus sich zu dieser «weltweiten» Mission überhaupt erst nach der Auseinandersetzung mit Petrus in Antiochien entschloß (Gal. 2,11ff.).

Bis dahin hatte er (immerhin mehr als ein Jahrzehnt lang) ausschließlich im Osten gewirkt (Gal. 1,18; 2,1). Hätte Paulus sich seit seiner Bekehrung schon als Heidenmissionar für das ganze Reich verstanden, wäre sein so langes Verweilen im Osten nicht recht verständlich. Der Zwischenfall in Antiochien hat ihm dann aber offenbar gezeigt, daß die Abmachungen des Apostelkonvents nicht wirklich praktikabel waren. So verlegte er seine Tätigkeit in den Westen. Der Aufbruch dorthin (auf der zweiten Missionsreise) brachte nun aber eine völlig neue Situation. Jetzt lag es einfach nahe, daß der Apostel (der ja, äußerlich gesehen, wie ein jüdischer Wanderprediger wirkte) in Städten mit einer Synagoge eben dort mit seiner Tätigkeit begann. Hier hatte er die besten Anknüpfungsmöglichkeiten. Daß er die ausnutzte, ist nun einfach naheliegend. So wird Paulus bei seinem Eintreffen in Thessalonich auch die Synagoge aufgesucht haben.

Setzen wir das voraus, lassen sich die Inhalte der Missionsverkündigung relativ leicht rekonstruieren. Zugleich gewinnt man von dort aus ein recht plastisches Bild vom Wirken des Apostels und den sich daraus ergebenden Folgen.

Zunächst kann man dieses unterstellen: Was Paulus den Juden in der Synagoge zu sagen hatte, war genau das, was ihn selbst vom Juden zum Christen hatte werden lassen. Dasselbe wollte er jetzt bei seinen Volksgenossen erreichen. Nun lassen die Aussagen des Apostels deutlich erkennen, daß die Streitfrage zwischen Juden und Christen nicht, wie man oft meint (und wie Apg. 17,3 nahezulegen scheint), die bloße Ablehnung oder Anerkennung der Messianität Jesu war (auch nicht in der Form, daß den Juden zugemutet wurde, einen Gekreuzigten als Messias anzuerkennen). Eine solche Sicht verkürzt das eigentliche Problem. Natürlich ist nicht zu bestreiten, daß zwischen Juden und Christen die Christologie stand (auch wenn diese erst langsam entfaltet wurde). Daß sie aber zu einem schweren Konflikt führen mußte, kommt erst dann in den Blick, wenn man sieht, daß die Christologie eine für das Judentum unverzichtbare Größe zu verdrängen beanspruchte, nämlich das Gesetz. An der Frage des *Gesetzes* entzündete sich also der Streit.

Das kann man schon daran erkennen, wie der Christ Paulus im Rückblick seine Verfolgertätigkeit darstellt. Er war Pharisäer (Phil. 3,5), war ein Eiferer für das Gesetz und die «väterlichen Satzungen» (Gal. 1,14; Phil. 3,6). Man versteht diese Selbstaussagen des Apostels nur dann richtig, wenn man den großen Ernst erkennt, der hier zum Ausdruck kommt. Der Pharisäer ist nicht etwa ein Heuchler (wie er gelegentlich in den Evangelien gezeichnet wird); und der Eiferer ist kein blinder Fanatiker. Noch in seinem letzten Brief bescheinigt Paulus seinen Volksgenossen, daß sie einen durchaus anerkennenswerten Eifer um Gott haben, den sie aber (im Blick auf Gott!) mit Unverstand einsetzen (Röm. 10,2). An dieser sehr reflektiert formulierten Stelle (Röm. 10,1–4) erkennt man die Zusammenhänge am deutlichsten. Die Juden orientieren sich mit Eifer am Gesetz, weil sie meinen, dadurch **Gerechtigkeit** zu erlangen. Dieser Begriff ist heute sehr mißverständlich. Die ganze Diskussion darum kann in unserem Zusammenhang nicht aufgerollt werden. Das Anliegen kann aber verhältnismäßig einfach deutlich gemacht werden. Gerechtigkeit ist Ausdruck eines Urteils. Wer sich am Gesetz orientiert, führt ein Leben, das vor ihm selbst, vor anderen und vor Gott mit dem Urteil «gerecht» versehen werden kann. Wem an Gerechtigkeit vor Gott liegt, der muß sich also peinlich genau ans Gesetz halten. Das tun die Juden; und sie tun es mit Eifer. Doch genau dieses Streben nach Gerechtigkeit bezeichnet Paulus als ein Streben mit Unverstand, weil es nämlich zu *eigener Gerechtigkeit* führt. Wem jedoch an eigener Gerechtigkeit liegt, der braucht in Wahrheit Gott gar nicht mehr. Seine eigene Leistung führt ihn zum Rühmen. Gott gegenüber tritt er dann mit einem Anspruch auf. In den Augen des Christen Paulus ist das aber eine Beleidigung Gottes, denn das, was der Mensch will, hat Gott schon getan, nämlich im Christus-Geschehen. Seit Christus bietet Gott das *als Geschenk* an, was der Mensch sich selbst erwerben will. Der eigenen Gerechtigkeit stellt Paulus daher die *Gerechtigkeit Gottes* entgegen. Wer aber das, was ihm als Geschenk angeboten wird, dennoch selbst erwerben will, indem er sich durch das Halten des Gesetzes den Weg zum Heil selbst bahnt, der mißachtet den Geber. Seit Christus gibt es eben die von Gott angebotene Möglichkeit, sich der Gerechtigkeit Gottes unterzuordnen, d. h. sich auf dieses Geschenk einzulassen. Solches *Einlassen* auf das Geschenk bezeichnet Paulus als *Glauben*. Für den, der glaubt, ist Christus daher das Ende des Gesetzes.

Genau das haben die (jüdischen) Christen, die Paulus früher verfolgt hat, gelebt – auch wenn sie es so noch nicht formuliert haben. Aber weil das, was sie taten, in den Augen des Paulus nicht etwa nur eine Mißachtung des Gesetzes war (eine lasche Praxis kam überall vor), sondern weil es die grundsätzliche Bestreitung des Gesetzes als Heilsweg bedeutete und damit dem Judentum die entscheidende Grundlage der Verbindung mit Gott überhaupt bestritten wurde, wurde der Pharisäer Paulus zum Verfolger. Seit dem Damaskuserlebnis «verkündigte er den Glauben, den er einst zerstörte» (Gal. 1,23). An den Briefen (vor allem Gal. u. Röm.) kann man ablesen, wie Paulus das immer weiter reflektiert, auch begrifflich ausgestaltet hat. Es spricht sehr viel dafür, daß er den *Begriff* Gerechtigkeit überhaupt erst seit seiner Auseinandersetzung mit den galatischen Gegnern in seine Argumentation aufgenommen hat. Im 1. Thess. begegnet dieser Begriff noch gar nicht. Das damit gemeinte Anliegen konnte Paulus eben auch anders formulieren. Bei der Auslegung des 1. Thess. werden wir das beachten müssen; aber hier sei doch schon auf das Grundsätzliche hingewiesen: Es kommt sehr viel weniger darauf an, sich an bestimmten Begriffen zu orientieren. Viel wichtiger ist der jeweilige Kontext, der sehr wohl ohne den Begriff dasselbe auszusagen vermag, was an anderen Stellen in einem bestimmten Begriff verdichtet begegnet.

Das Anliegen des Paulus läßt sich dann etwa so formulieren: Der Mensch ist im Irrtum, wenn er meint, sich selbst den Weg zu Gott mit Hilfe des Gesetzes bahnen zu müssen. Weil Gott in Christus zu den Menschen gekommen ist, ist jetzt schon Gemeinschaft mit Gott möglich, die im Leben konkret gestaltet wird. Die *Christologie* des Paulus bringt (in den Formen vielfältig, im Ziel immer gleich) zum Ausdruck, wo der *Ermöglichungsgrund* für Glauben und neues Leben liegt.

Mit dieser Botschaft also kam Paulus in die **Synagogen**. Dort stieß er auf drei Gruppen von Menschen. Zum engsten Kreis gehörten die *Juden*, die in großer Zahl in der Diaspora im Römischen Reich lebten. Durchweg sprachen sie griechisch und waren an der griechischen Übersetzung des Alten Testaments (der Septuaginta) orientiert. Diese geschlossene Gemeinschaft, die in Kultus und Leben an alten Bräuchen festgehalten hatte, übte auf ihre Umgebung neugieriges Interesse und dadurch Anziehungskraft aus (was freilich auch ins Gegenteil umschlagen konnte). Häufiger gab es Übertritte zum Judentum. Die Männer ließen sich beschneiden, die Frauen ein Taufbad an sich vollziehen und wurden so *Proselyten*. Sie galten jetzt als Juden und waren verpflichtet, das Gesetz zu halten. Sehr viele Heiden zögerten jedoch mit diesem Schritt, der sie weitgehend aus ihrer bisherigen Umgebung herauslöste, was dann manche gesellschaftlichen Probleme mit sich brachte. Dennoch hielten sie als *Gottesfürchtige* Kontakt zur Synagoge. Sie waren «religiös Interessierte», die Halt und Heil suchten, beides wohl auch von der Synagoge erwarteten, den endgültigen Übertritt zum Judentum aber (noch) nicht vollzogen.

Nun ist leicht zu verstehen, welche Wirkung die Botschaft des Paulus in einer Synagoge haben mußte. Den Juden (und Proselyten) wurde zugemutet, das Gesetz als Heilsweg aufzugeben. Den Gottesfürchtigen dagegen wurde Heil angeboten, ohne daß sie sich beschneiden lassen und die Verpflichtung zur Gesetzeserfüllung übernehmen mußten. Es leuchtet darum sofort ein, daß Paulus unter ihnen am leichtesten Gehör mit seiner Botschaft fand. Das wiederum mußten die Juden als «Abwerbung» verstehen. So war es in der Tat Paulus, der Unruhe in die Synagoge brachte. Es konnte dort zu Tumulten kommen; und Paulus sagt selbst, daß er fünfmal die Synagogenstrafe der Geißelung erlitten hat (2. Kor. 11,24). Solche Tumulte drangen gelegentlich aber auch über den Umkreis der Synagoge hinaus. Der römische Staat (bzw. die örtlichen Behörden) war damals (noch) tolerant gegenüber den verschiedenen Religionen und Kulten, nur durfte die öffentliche Ordnung nicht gestört werden. War das der Fall, griffen die Behörden ein. (So lösten Unruhen in Rom das Claudius-Edikt aus.) Das Wirken des Paulus in Philippi dürfte ebenso zu einer Störung der öffentlichen Ordnung geführt haben. Aus diesem Grunde hat er dort «gelitten und ist mißhandelt worden» (2,2).

Dennoch ging er (wie wir nun voraussetzen dürfen) auch in Thessalonich alsbald wieder in die Synagoge. Ob er dort wirklich «einige Juden» gewann (Apg. 17,4), kann zwar nicht völlig ausgeschlossen werden, ist aber doch wenig wahrscheinlich, da der 1. Thess. nicht erkennen läßt, daß ehemalige Juden zur Gemeinde gehörten. Der Stamm der Gemeinde wird daher aus ehemaligen Gottesfürchtigen bestanden haben, die ihren Kontakt zur Synagoge aufgaben und zusammen mit Paulus irgendwo in der Stadt als Christengemeinde lebten. Das wird ohne nennenswerte Bedrängnis durch die Synagoge und örtliche Behörden möglich gewesen sein, denn der 1. Thess. läßt nicht erkennen, daß es während der Anwesenheit des Apostels zu einer Verfolgung der Gemeinde gekommen ist. Als Paulus dann Reisegeld aus Philippi bekommen hatte (Phil. 4,16), konnte er nach einiger Zeit planmäßig weiterziehen.

Paulus kann also in 1,9b–10 als einen Inhalt seiner Missionsverkündigung mit Recht angeben, daß sich die Thessalonicher von den Götzen weggewandt haben, um dem lebendigen und wahren Gott zu dienen. In diesem Zusammenhang kommt dann jedoch noch ein zweiter Verkündigungsinhalt in den Blick: die Gemeinde erwartet den Sohn Gottes aus den Himmeln. Daß diese **Naherwartung der Parusie** bei Paulus (und auch in der 1,9b–10 von Paulus übernommenen Formel) einen besonderen christologischen Aspekt hat, soll uns später noch beschäftigen. Zunächst einmal betrachten wir jedoch dieses Motiv isoliert. Es muß in der Verkündigung des Apostels in Thessalonich eine wichtige Rolle gespielt haben, da es im ganzen Brief immer wiederkehrt (2,12; 3,13; 4,13–5,11; 5,23). Paulus hält sogar bei der Abfassung des Briefes trotz in Thessalonich eingetretener Todesfälle (4,13) ausdrücklich daran fest: Er selbst und die Thessalonicher werden den Tag des Herrn erleben; sie werden nicht sterben (4,15. 17).

Man muß erkennen, daß es sich bei dieser Parusieerwartung um eine Eigentümlichkeit des 1. Thess. handelt. Schon ganz wenige Jahre später äußert sich der Apostel sehr viel zurückhaltender. 1. Kor. 15,51 ist er der Überzeugung, daß vor der Parusie «nicht alle entschlafen werden». Hier hält er also einige Todesfälle immerhin für möglich, was er 1. Thess. 4,15. 17 aber ausdrücklich ausschließt. Nun ist ja leicht verständlich, daß bei Nichteintreffen der Parusie und bei der Erfahrung von Todesfällen die Vorstellung einer gespannten Naherwartung erst modifiziert und dann aufgegeben wird. Dann taucht aber eine ganz andere Frage auf: Hat Paulus in seiner bisherigen mehr als eineinhalb Jahrzehnt dauernden Missionstätigkeit diese Erfahrung noch nie gemacht? Es muß in dieser Zeit doch auch schon Todesfälle gegeben haben. Wie konnte er dann aber bei seiner Mission in Thessalonich eine so gespannte Naherwartung vertreten? Und wie konnte er sogar in seinem Brief trotz der Todesfälle in Thessalonich noch daran festhalten, obwohl er sie bald darauf aufgibt? Sichere Antworten auf diese Frage gibt es nicht. Da nun aber einerseits gar kein Zweifel daran bestehen kann, daß der Apostel (mindestens) seit Gründung der Gemeinde bis zur Abfassung des 1. Thess. diese gespannte Naherwartung vertrat, und da es andererseits unwahrscheinlich ist, daß er eineinhalb Jahrzehnte lang in einer dauernden gespannten Naherwartung gelebt haben kann, legt sich die Vermutung nahe, daß diese nicht lange vor seinem Eintreffen in Thessalonich (wieder einmal oder neu) aufgeflammt ist. Kann man angeben, wie das veranlaßt wurde? Ich neige dazu, hier einen Zusammenhang zu sehen mit der Auseinandersetzung des Paulus mit Petrus und den Judenchristen in Antiochien. Paulus erlebt, daß das gesetzesfreie Evangelium, dem man in Jerusalem zugestimmt hatte, auf Widerstand stößt. Das veranlaßt ihn, nach Westen auszuweichen. Widerstand gegen sein Evangelium ist nach dem Verständnis des Paulus ein Werk des Satans (vgl. 2,18). Nach apokalyptischer Vorstellung ist das Hervortreten des Satans aber ein Zeichen der Endzeit. Paulus kann darum auch die Kämpfe, in die er durch seine Mission gerät (vgl. 2,2), als Zeichen der Endzeit verstehen, so wie er dann auch die Verhinderung seiner Mission durch die Juden so versteht, daß auf diese bereits der Zorn der Endzeit gekommen ist (2,16).

Ob diese Erklärung für das (erneute) Aufflammen gespannter Naherwartung zutrifft, muß natürlich offen bleiben. (Andere Daten, mit deren Hilfe man das erklären könnte, sind jedoch nicht erkennbar.) Die sogenannte zweite Missionsreise muß aber von diesem Motiv bestimmt gewesen sein. Damit hängt dann zusammen, daß für die paulinische Verkündigung in dieser Zeit ein Zug kennzeichnend gewesen ist, den man «enthusiastisch» nennen kann.

Dieser Begriff ist freilich mißverständlich und soll daher abgesichert werden. Die gespannte Naherwartung hat ein bestimmtes Verständnis der Gegenwart zur Folge; denn das Kommende ist nicht ausschließlich Kommendes, sondern wirkt bereits in die Gegenwart hinein. Kommendes wird jetzt schon gelebt, obwohl die Welt rundherum noch die alte ist. Der so entstehende «Enthusiasmus» ist also *eschatologisch* begründet. Das unterscheidet ihn von dem Enthusiasmus, den Paulus später in Korinth bekämpfen muß. Dieser war nämlich nicht eschatologisch, sondern *anthropologisch* begründet. In Korinth glaubte man, daß die «Seele» (im Körper) schon erlöst sei. Das führte dann zur Verachtung des Leibes. Die ethische Konsequenz war Libertinismus. Der Leib konnte tun, was er wollte. Die geschehene Erlösung der Seele wurde dadurch nicht tangiert. Für den *paulinischen* «Enthusiasmus» ist nun kennzeichnend, daß er im gelebten Leben, daß er im Wandel Gestalt gewinnt. In Korinth dagegen verzichtete man auf den Wandel. Diese Zusammenhänge können hier nicht weiter ausgeführt werden. Sie sind aber mitzubedenken, einerseits, weil sie die spätere Entwicklung verständlich machen: Sieht man nämlich, daß die Verkündigung des Paulus bei seinem ersten Aufenthalt in Korinth enthusiastische Züge trug, deren eschatologische Begründung die Korinther nach dem Weggang des Paulus nicht bedachten, wird die Auseinandersetzung des Paulus mit Korinth sehr viel leichter verständlich. Andererseits aber wird jetzt ganz deutlich, daß man die Probleme der Korintherbriefe auf keinen Fall in den 1. Thess. eintragen darf. Zur Zeit seiner Abfassung konnte Paulus die noch gar nicht im Blick haben.

Nun darf man die gespannte Naherwartung in der Missionsverkündigung des Paulus in Thessalonich nicht von der Christologie isolieren. Paulus hat nicht einfach eine bloße *Vorstellung* von Naherwartung nach Thessalonich gebracht, sondern unlösbar mit ihr zusammen ihre *Begründung*, eben mit Hilfe der *Christologie*. Der Sohn Gottes, der aus den Himmeln erwartet wird, ist (nach der Formulierung 1,9b–10) kein anderer als Jesus, den Gott von den Toten auferweckt hat. Er wird vom kommenden Zorn erlösen. In dieser Verkündigung an Heiden wird dann auch die Entsprechung zur Verkündigung an Juden deutlich. Der gemeinsame Bezugspunkt ist die Christologie. Mit ihr wird aus- und angesagt, daß Gott in der Vergangenheit das für das Heil Entscheidende getan hat. Darum dürfen die Juden das nun nicht mehr durch Orientierung am Gesetz selbst tun wollen. Heil ist nicht einfach mehr Ziel, sondern ist eine jetzige Möglichkeit. Genau das gilt auch für die Heiden. Menschen, die bedrängt sind angesichts der Ungewißheit der Zukunft, die darum (u. a. als Gottesfürchtige im Umkreis der Synagoge) einen Heilsweg aus dieser Bedrängnis suchen, wird die Möglichkeit angeboten, *jetzt* im Heil zu leben. Sie können das, weil Gott in der Vergangenheit bereits den Grund für dieses Heil gelegt hat (Christologie) und weil die ganz nahe Zukunft mit der Parusie die Endvollendung des Heils bringen wird. So brauchen sie vor einer ungewissen Zukunft keine Angst mehr zu haben: Der, in dem Gott das Heil schon bereitet hat, kommt bald wieder. Gegenwart kann dieses Heil dann dort werden, wo die Thessalonicher dem lebendigen und wahren Gott dienen. Damit ist dann aber auch das bezeichnet, was das Wirken des Paulus unter den Thessalonichern ausmachte: gelebter Gottesdienst.

b) Das Wirken des Paulus in Thessalonich
(Die historische Vergangenheit und die Vergangenheit als Anrede)

Der Hauptteil des bisherigen Gesprächs des Apostels mit der Gemeinde fand während seines Aufenthalts bei ihr statt. Daß Paulus darauf 2,3–13 erinnernd zurückblickt, ist deutlich. Völlig unklar ist aber zunächst, warum er das in einer solchen Ausführlichkeit tut, denn er sagt der Gemeinde damit eigentlich doch nur etwas, was sie ohnehin schon weiß. Häufig hat man diesen Abschnitt eine Apologie des Paulus genannt, weil die Verse den Eindruck zu vermitteln scheinen, daß der Apo-

stel sich gegen Verleumdungen und Verdächtigungen verteidigen muß. Ist das aber
auch nur wahrscheinlich? Betrachtet man nämlich den ganzen Brief (und isoliert
man also diesen Abschnitt nicht willkürlich), kann man nicht wirklich überzeugend
angeben, warum eine solche Verteidigung des Paulus nötig sein soll. Nach der Rückkehr des Timotheus weiß der Apostel, daß sich die Gemeinde, wenn auch unter Anfechtungen, in Glauben und Leben vorbildlich bewährt hat (1,2–8); und er weiß vor
allem auch, daß die Thessalonicher ihn «allezeit in gutem Andenken haben» (3,6).
Das Verhältnis der Gemeinde zu Paulus und des Paulus zur Gemeinde (2,19f!) ist
in jeder Hinsicht in Ordnung. Die Notwendigkeit einer Apologie des Apostels muß
man also als ein nicht erklärbares Rätsel bezeichnen.
Wir klammern jedoch die Frage, warum Paulus diese ausführliche Erinnerung
schreibt, vorläufig aus. Für die Auslegung des 1. Thess. ist die Beantwortung zwar
unerläßlich; in unserem Zusammenhang geht es jedoch zunächst darum, aus 2,3–13
zu erheben, was sich *historisch* über das Wirken des Apostels in Thessalonich ermitteln läßt. Dabei befinden wir uns freilich wieder im Zirkel. Wir können die Vergangenheit nur so weit rekonstruieren, wie Paulus sie aufnimmt. Die Aufnahme der
Vergangenheit ist im Brief allerdings bestimmt von der Absicht, mit der er sie darstellt – und die wir erst noch herausfinden müssen.
Auffällig ist nun, daß das, was wir meist als die eigentliche missionarische Tätigkeit
des Paulus verstehen (Verkündigung und Vertiefung der Verkündigung durch wei-
tergehende Belehrung), nur ganz gelegentlich begegnet, und dann fast nur formel-
haft. Sehr anschaulich dagegen erkennen wir das Leben des Paulus in und mit der
Gemeinde. Darauf scheint er das Hauptgewicht zu legen, wie er es auch schon in der
Danksagung angedeutet hatte: Die Arbeit des Paulus unter den Thessalonichern geschah «nicht nur in Rede», sondern (vor allem) «in Kraft», nämlich in seinem Verhalten der Gemeinde gegenüber (1,5). Genau das wird dann in der langen Erinnerung entfaltet. Dabei fällt weiter auf, daß diese Darstellung durchzogen wird von
dem Motiv der Abgrenzung. Immer wiederkehrend zieht sich durch die Ausführungen hindurch das Schema: nicht so – sondern so (nicht aus Irrtum, Unlauterkeit und
List, sondern an Gott orientiert; nicht Menschen, sondern Gott zu gefallen usw.).
Dieses Schema war dann ja auch meist der Grund, warum man hier eine Apologie
des Paulus vermutet hat. Man muß jedoch zunächst einmal sehen, daß hier (zumindest auch) Vergangenheit dargestellt wird. *Damals* geschah das Auftreten und Wirken des Paulus unter den Thessalonichern: nicht so – sondern so.
Man versteht dieses Schema sofort, wenn man sich vergegenwärtigt, unter welchen
Bedingungen Paulus in Thessalonich wirkte. Er war einer unter vielen Wanderpre-
digern, die damals durch die Lande zogen und suchenden Menschen Heil anboten
und versprachen. Diese Leute boten ein buntes und gar nicht einheitliches Bild.
Schönredner waren unter ihnen, Philosophen, Wundertäter. Sie hielten auf Straßen
und Plätzen Lehrvorträge mit religiösen und ethischen Inhalten. Viele hatten ein
starkes Sendungsbewußtsein. Sie konnten sich auch Diener Gottes nennen. In ihren
Mitteln waren sie nicht wählerisch. Sie schmeichelten ihren Zuhörern, um sie für sich
zu gewinnen, aber auch, um von ihnen Gaben für ihren Lebensunterhalt zu gewinnen. In der Praxis des eigenen Lebens orientierten sie sich keineswegs immer an ihrer
Lehre und an den Forderungen, die sie von den Zuhörern verlangten. – Paulus hatte
also schon während seines Aufenthaltes in Thessalonich ein Fülle von *Konkurrenz*-
Missionaren neben sich. Für wen aber sollten sich die Menschen entscheiden?
Sie entschieden sich natürlich für den, der ihnen am meisten versprach – oder für
den, mit dem zusammen sie wirkliche Erfahrungen von Heil und Geborgenheit ma-

chen konnten. Für die Gemeinde in Thessalonich gilt nun, daß sie diese Erfahrungen offenbar mit Paulus zusammen gemacht haben. Das muß den Thessalonichern damals nicht unbedingt schon ausdrücklich bewußt gewesen sein. Dennoch war es eine Wirklichkeit bei ihnen; und eben diese Wirklichkeit macht Paulus ihnen nun bewußt.

Was Paulus den Thessalonichern sagte, war zunächst einmal nichts anderes als «Wort von Menschen», wie es das Wort der anderen Wanderprediger auch war. Daß die Gemeinde es als «Wort Gottes» hörte, erwies sich darin, daß es in ihr «wirksam» wurde (2,13). Wirksam wurde es während der Anwesenheit des Paulus nun gerade dadurch, wie er unter ihnen lebte. Er gab ihnen Anteil, nicht nur am Evangelium Gottes, sondern an seinem eigenen Leben (2,8), verhielt sich ihnen gegenüber wie eine Mutter zu ihren Kindern (2,7), fiel ihnen nicht zur Last, sondern sorgte selbst für seinen Lebensunterhalt (2,9). Er führte unter ihnen ein Leben, das seiner Botschaft entsprach (2,10f.). Genau damit aber erreichte Paulus, daß die Thessalonicher trotz der vielfältigen Konkurrenz anderer Wanderprediger am Ort sich gerade um ihn scharten. Die Wirkung des Apostels auf die Thessalonicher läßt sich mit dem Wort bezeichnen, das zwar im 1. Thess. nicht vorkommt, das Paulus aber den Galatern gegenüber benutzt, um die Stimmung auszudrücken, in der sie während der Anwesenheit des Paulus lebten: Sie haben sich glückselig gepriesen (Gal. 4,15).

Muß Paulus den Galatern gegenüber beklagen, daß davon nichts mehr übriggeblieben zu sein scheint, war das bei den Thessalonichern nach der Weiterreise des Apostels anders: Sie haben durchgehalten, und das trotz einer Verfolgung, die über sie hereingebrochen ist. Damit kommt dann aber auch das Motiv in den Blick, das Paulus zu dieser ausführlichen Erinnerung an sein Wirken in Thessalonich als *Anrede* an die Gemeinde veranlaßt: Die Christen in Thessalonich sind eine *angefochtene Gemeinde*. Sie haben den Apostel, der ihnen helfen konnte, nicht mehr bei sich. Durch diese Erinnerung aber setzt er sich sozusagen erneut gegenwärtig. Damit bietet er der Gemeinde eine Hilfe an, ihr Christenleben unter den Schwierigkeiten durchzuhalten, die, für sie überraschend, über sie gekommen sind. Mit ihnen taucht die versucherische Frage auf, ob es sich denn überhaupt «lohnt», Christ zu bleiben, oder ob man sich nicht besser an andere Heilsverkündiger anschließt, in deren Gefolge man solchen Schwierigkeiten entgehen kann. Diese anderen Leute sind am Ort. Insofern sind sie dem abwesenden Paulus gegenüber im Vorteil. Was der Apostel den Thessalonichern in dieser Situation sagen möchte, ist eben dieses: Ihr habt doch schon einmal erfahren, daß sich das Christsein lohnt. Was euch heute anficht, ist nichts anderes, als was euch damals anfechten konnte, aber nicht angefochten hat. Auch Paulus hatte sich, wie die Thessalonicher wissen, durch seine Erlebnisse in Philippi nicht irremachen lassen. So gestaltet der Apostel die Erinnerung an die Vergangenheit zur Anrede an die Thessalonicher in der Gegenwart. Indem er ihnen bewußt macht, was damals wirklich geschehen ist, will er ihnen helfen, mit den Schwierigkeiten fertigzuwerden, die sie jetzt bedrängen.

Diesen Tenor, der die Darstellung der Erinnerung an das Wirken des Paulus in Thessalonich beherrscht, muß man beachten, darf sich aber nicht an einer bloßen Wiedergabe des Inhalts orientieren. Neues sagt Paulus den Thessalonichern im ersten Teil des Briefes in der Tat nicht. Man wird sich aber hüten müssen, daraus, wie es leider oft geschieht, den Schluß zu ziehen, daß der 1. Thess. arm an wichtigen theologischen Gedanken sei. Man mißt dann an manchen gedrängten Ausführungen in anderen Briefen, denen im 1. Thess. höchstens der Abschnitt 4,13–5,11 zu verglei-

chen ist, übersieht aber gerade, welch seelsorgerliches Interesse den Apostel bei die-
·sem Schreiben leitet. Es unterscheidet sich grundsätzlich von allen späteren Briefen.
Sie alle sind mehr oder weniger stark bestimmt von Auseinandersetzungen. Dieser
Zug fehlt im 1. Thess. Hier geht es Paulus vielmehr darum, eine Gemeinde zu ermuntern, auf dem angetretenen Wege weiterzugehen. Und es dürfte doch wohl sehr
bedenklich sein, wenn man nur Auseinandersetzungen für theologisch belangvoll
hält.

Von einer Apologie des Paulus, mit der er sich selbst gegenüber falschen Verdächtigungen und Verleumdungen verteidigt, wird man auf keinen Fall reden können.
(Der gelegentlich in Kommentaren begegnende Gedanke, daß der Apostel diese
Apologie prophylaktisch vortrage – es könnten ja solche Verdächtigungen einmal
aufkommen –, verdient nicht einmal eine Widerlegung.) – Wohl aber handelt es sich
um eine *Apologie des Evangeliums*. In dieser Apologie argumentiert Paulus mit Erfahrungen, die die Thessalonicher während seiner Anwesenheit gemacht haben.
Den Korinthern gegenüber wird der Apostel das später so ausdrücken, daß unter ihnen «der Beweis des Geistes und der Kraft» erbracht worden ist (1. Kor. 2,4). Als
solchen «Beweis» sollen die Thessalonicher die Vergangenheit erkennen. Dann
aber können ihnen die gemachten Erfahrungen durch gegenwärtige Anfechtungen
hindurchhelfen – wie wiederum Paulus die Erfahrungen weiterhelfen, die er gemacht hat, als ihm Timotheus die so erfreulichen Nachrichten aus Thessalonich
brachte. – Durch ihn hat er dann auch von den konkreten Schwierigkeiten der Gemeinde erfahren.

c) Die Anfechtungen der Gemeinde

Nach dem Weggang des Paulus haben vor allem zwei Probleme den Thessalonichern
zu schaffen gemacht: eine Verfolgung (2,14) und eingetretene Todesfälle (4,13).
Formal könnte man so unterscheiden, daß es im ersten Fall um ein Problem der Praxis, im anderen Fall um ein Problem der Lehre geht. Man wird das aber schwerlich
so auseinanderdividieren dürfen, denn beides hängt eng miteinander zusammen,
weil es aus einer Wurzel kommt, die Paulus «Mängel des Glaubens» nennt (3,10).
Die Verfolgung der Gemeinde geschah durch eigene Volksgenossen (2,14). Offenbar liegt sie einige Zeit zurück, denn daß sie noch besteht, wird nicht gesagt. Sie
kann aber erneut geschehen. Den Grund, weswegen die Thessalonicher von ihren
Landsleuten «gelitten» haben, nennt Paulus nicht ausdrücklich. Einige Hinweise lassen sich rückschließend aber wohl den Ausführungen über ethische Probleme entnehmen (4,1–12), die freilich manche Fragen aufwerfen, weil nicht immer erkennbar ist, wodurch sie veranlaßt wurden. In der Auslegung muß das noch näher erörtert werden. Immerhin kommen am Schluß des Abschnittes «die draußen» in den
Blick (4,9–12). Wenn das, was anzunehmen ist, die gewesen sind, die der Gemeinde
zugesetzt haben, dann möchte Paulus durch seine Ermahnungen nun erreichen, daß
es, soweit es an der Gemeinde liegt, nicht wieder zu Zusammenstößen kommt. Ihren
Grund müssen diese darin gehabt haben, daß die Christen in Thessalonich in einem
überzogenen Enthusiasmus lebten. Ihre Umgebung hat daran Anstoß genommen,
daß sie die Fragen des Alltags für nebensächlich gehalten haben und das dann mit
so etwas wie einem elitären Selbstbewußtsein und daraus abgeleiteten Ansprüchen
verbanden. Paulus ermahnt sie nun, ihren Lebensunterhalt durch eigener Hände
Arbeit zu erwerben. Diese Ermahnung muß wohl nötig gewesen sein. Folgen die
Thessalonicher ihr, werden sie von denen «draußen» unabhängig sein und mindestens an diesem Punkt keinen Anstoß mehr erregen.

Diese enthusiastische Überspanntheit hängt natürlich mit der Naherwartung der Parusie zusammen. Hier liegt für die Thessalonicher ganz offensichtlich ein Problem vor, mit dem sie nicht zurechtkommen. Das zeigt sich dann auch angesichts eingetretener Todesfälle. Damit hatte man wegen der Naherwartung nicht mehr gerechnet. Es kam nicht einfach Trauer über die Gemeinde, weil die Entschlafenen am Tag des Herrn nicht mehr teilnehmen würden, sondern ihre eigene Hoffnung geriet in Gefahr, wenn sich dieser Tag noch weiter hinauszögern würde. Da aber die Naherwartung der Parusie ein konstitutives Element des Glaubens der Thessalonicher war, geriet der Glaube selbst in Gefahr. Sie verstehen ihn noch nicht umfassend genug. Das ist der «Mangel» ihres Glaubens (3,10). In dieser Feststellung liegt also kein Vorwurf. Sie bringt vielmehr einen Nachholbedarf an Information und Belehrung zum Ausdruck.

Wie weit nun diese beiden Glaubensanfechtungen die Gemeinde ernsthaft erschüttert haben, läßt der Brief nicht erkennen, denn wir erfahren nicht, in welchem Zustand Timotheus die Gemeinde antraf, und ebensowenig, welchen Anteil er hatte, bestehende Schwierigkeiten wenigstens vorläufig zu beheben. Einige deutet Paulus, wenn auch zurückhaltend, noch an: Spannungen zwischen der Gemeinde und ihren Leitern, aber auch innerhalb der Gemeinde selbst (5,12–15). War die Gemeinde also auch beim Weggang des Timotheus zumindest relativ intakt (1,6–9; 3,6–8), so bleiben die Anfechtungen dennoch eine potentielle Bedrohung.

Eben das aber veranlaßt den Apostel nun zur Abfassung des Briefes. Die Gemeinde bedarf der Ermunterung und der Belehrung.

B. Der letzte Gesprächsgang
(Überblick über den Inhalt des Briefes)

Wir verschaffen uns jetzt erneut (vgl. S. 10) einen Überblick über den ganzen Brief und versuchen dabei eine Gliederung. Von der brieflichen Einkleidung abgesehen (1,1 u. 5,25–28), ergibt sich deutlich eine Zweiteilung:

Teil 1 (Kap. 1–3) hat Vergangenes zum Inhalt.
Teil 2 (Kap. 4–5) blickt mit Ermahnungen und Belehrungen auf den weiteren
Weg der Thessalonicher aus.

Gelegentlich hat man angenommen, daß diese beiden Teile ursprünglich nicht zu einem Brief gehörten. Die Hauptargumente waren, daß sie sich in ihrem Charakter so tiefgreifend unterscheiden (was ohne Parallele in anderen Paulus-Briefen ist) und daß 3,11–13 den Eindruck eines Briefschlusses macht. Mit Kap. 4 beginnen dann scheinbar völlig andere Themen. Dabei dürfte aber übersehen sein, daß mit 3,10 gerade der Teil 2 vorbereitet wird: Paulus möchte den «Mängeln des Glaubens» abhelfen, die bei den Thessalonichern noch vorliegen. Natürlich könnte man sagen, daß der Apostel hier lediglich eine Absicht ausdrückt, die er bei seinem in Aussicht gestellten Besuch verwirklichen will. Dann könnte 3,11 in der Tat einen ursprünglichen Briefschluß eingeleitet haben. Das Argument entfällt aber, wenn die Auslegung zeigen kann, daß Paulus die 3,10 geäußerte Absicht gerade im 2. Teil des Briefes durchführt. Der *ganze* Brief ist dann ein «Ersatz» für seinen Besuch.

An dieser Stelle sei darauf hingewiesen, daß gelegentlich auch andersartige **Teilungshypothesen** vorgeschlagen worden sind. So hat z. B. W. Schmithals gemeint, daß die beiden Thessalonicherbriefe aus vier (bzw. fünf) ursprünglichen Einzelbriefen zusammengesetzt worden sind. Als ein Hauptargument nennt er, daß nach den Danksagungen 1. Thess. 1,2ff. und 2. Thess. 1,3ff. in beiden Schreiben eine erneute Danksagung begegnet (1. Thess. 2,13ff. und 2. Thess. 2,13ff.). So scheinen sich wirklich vier mit Danksagungen beginnende Briefanfänge herauszuschälen. Dennoch ist diese und sind auch alle anderen Teilungshypothesen durchweg mit Recht abgelehnt worden. Auch die Versuche, einige Abschnitte des 1. Thess. für nachpaulinisch zu halten (G. Friedrich nimmt das für 5,1–11 an), können nicht überzeugen. Solche Hypothesen beseitigen zwar gelegentlich wirkliche (oder nur scheinbare) Schwierigkeiten der Auslegung, müssen dafür aber andere in Kauf nehmen, die nun neu entstehen. Eine ausführliche Auseinandersetzung kann hier nicht erfolgen.

Auf etwas Grundsätzliches sei aber hingewiesen. Die nächstliegende Annahme sollte immer sein, daß die überlieferten Briefe ursprüngliche Einheiten darstellen. Dennoch gibt es einige Fälle, bei denen man wahrscheinlich ohne Teilungshypothesen nicht auskommt (z. B. 2. Kor.; Phil.). In den anderen Fällen haben aber auch verfehlte Teilungshypothesen mindestens einen heuristischen Wert: Sie machen den Ausleger nachdrücklich auf Schwierigkeiten aufmerksam, die ihn dann an den betreffenden Stellen zu besonderer Aufmerksamkeit und Vorsicht verpflichten. Ich werde jeweils darauf zurückkommen.

Eine erste ist bereits die oben konstatierte Zweiteilung des 1. Thess. Der tiefgreifende Unterschied des Charakters beider Teile scheint in anderen Paulus-Briefen ohne Parallele zu sein. Läßt er sich dennoch erklären?

Oft schon hat man in Paulus-Briefen eine Zweiteilung festgestellt, die allerdings (wenigstens auf den ersten Blick) etwas anders aussieht als die im 1. Thess. Etwa am Gal. oder am Röm. läßt sich zeigen, daß auf einen «dogmatischen» Teil ein «ethischer» Teil folgt. In anderen Briefen ist das längst nicht so deutlich. Nun ist es ohnehin problematisch, wenn man voraussetzt, daß der Apostel bei der Gestaltung seiner Briefe immer einem bestimmten Schema folgen müsse. Es ist jedoch zu beachten, daß dieses Schema (Dogmatik/Ethik) sachlich für Paulus von besonderer Bedeutung ist, da es weithin seine Theologie bestimmt. Zunächst wird die Lehre entfaltet, und zwar meist so, daß sie (oft polemisch) gegenüber Mißverständnissen und Irrtümern zurechtgerückt wird. Meist versteht man das als das «eigentlich» Theologische bei Paulus. Diese Lehre bildet dann den Indikativ, aus dem sich die Konsequenz für den Wandel, also die Ethik mit dem Imperativ, ergibt. So besteht ein sachlicher Zusammenhang zwischen beiden Teilen.

Im 1. Thess. liegt nun dieses Schema (zumindest so) ohne Zweifel nicht vor. «Lehre» finden wir eigentlich nur 4,13–5,11, also gerade im 2. Teil. In diesem Teil begegnet dann aber auch Ethik, einmal sogar schon vor dem dogmatischen Abschnitt (4,1–12), dann erneut danach (5,12ff.). Der ganze 1. Teil dagegen scheint gar keine Beziehung dazu zu haben. Aber das scheint eben nur so.

Unterstellen wir einmal, daß es Paulus (entsprechend seiner Formulierung in 3,10) in erster Linie darauf ankommt, der Gemeinde das zu sagen, was er im 2. Teil mitteilt, und daß wir es *hier* dann mit dem *eigentlichen* Ersatz für seine Anwesenheit in Thessalonich zu tun haben, dann kann man diesen Teil (nun gerade wegen 3,10) charakterisieren als ein *Weiter*führen der Gemeinde auf einem Wege, auf dem sie bereits unterwegs ist. Das heißt dann aber, daß der Gemeinde zwar einiges von dem Mitgeteilten neu sein wird, zugleich aber auch, daß es sich nicht um etwas völlig Neues handeln kann. Dafür gibt es im 2. Teil deutliche Hinweise. Im Blick auf das Problem der Lehre, das Paulus entfaltet (Parusie), betont er, daß die Gemeinde Wesentliches schon weiß (5,1f.). So wird dann eben 4,13–5,11 gerade das weitergeführt. Noch deutlicher ist das beim ethischen Abschnitt 4,1–12. Ausdrücklich betont der Apostel, daß die Thessalonicher bereits auf dem Wege sind (4,1f. 6,9f.), den er ihnen nun nur noch durch konkrete Hinweise verdeutlicht. Ist also schon innerhalb des 2. Teils das Motiv des *Weiter*führens als ein wesentliches Anliegen des Paulus erkennbar, dann dient der 1. Teil dazu, das umfassend vorzubereiten.

Wir sind es (orientiert am Schema: Dogmatik/Ethik) im allgemeinen gewohnt, nur dann von «Lehre» zu sprechen, wenn dogmatisch-theologische Probleme behandelt werden. Daß diese in anderen Paulus-Briefen eine wichtige Rolle spielen, hängt oft damit zusammen, daß die angeschriebenen Gemeinden an diesem Punkt unsicher sind oder (von Gegnern) zu einem «anderen Evangelium» (Gal. 1,6) weggeführt worden sind. Genau das ist aber in Thessalonich nicht der Fall. Die Gemeinde ist, wenn auch angefochten, auf dem richtigen Wege. Weil sie aber angefochten ist (durch die Konkurrenzmissionen, durch Verfolgung und Todesfälle, siehe oben S. 23–25), will Paulus ihr ihren bisherigen Weg bewußt machen. Es besteht gar kein Grund für ihn, zunächst Inhalte des Glaubens zu entfalten und gegenüber Irrlehren zurechtzurücken, sondern es kommt ihm darauf an, die Gemeinde auf Erfahrungen anzusprechen, die sie im Umgang mit den Glaubensinhalten gemacht hat (1,2–2,16) und die er selbst gemacht hat (2,17–3,13). Daß die Thessalonicher solche Erfahrungen richtig verstehen, ist sein Anliegen, denn aus diesen Erfahrungen können und sollen sie nun leben. Es ist angesichts der Inhalte, die uns im 1. Teil begegnen, sicher eine ungewöhnliche Formulierung, wenn man hier von «Lehre» spricht. Und dennoch geht es letztlich genau dàrum. Das Bemühen um richtiges Verstehen von Vergangenheit ist eben auch eine Belehrung. Ist die erfolgt (1. Teil), lassen sich weiterführende Konsequenzen daraus ziehen, lassen sich aber auch Ansätze entfalten (2. Teil).

Paulus ist eben nicht nur ein großer Lehrer der Kirche, sondern er war auch ein Seelsorger. Im 1. Thess. zeigt er nun, daß Seelsorge nicht unbedingt auf (dogmatisch formulierte) Glaubensinhalte zurückgreifen muß, daß man nicht unbedingt gerade an sie anknüpfen muß, wenn man für eine konkrete Situation Hilfen geben will. Es ist ebensogut möglich (und wahrscheinlich sogar hilfreicher), an Erfahrungen im Umgang mit Glaubensinhalten anzuknüpfen (sofern es solche gibt). *Dann* kann man immer noch Glaubensinhalte ins Spiel bringen und diese, wenn nötig, weiter entfalten.

Von diesem Gesamtverständnis des 1. Thess. aus ergibt sich also, daß der umfangreiche 1. Teil mehr ist als ein bloßer «Vorspann» für den 2. Teil (auf den allein es im Grunde entscheidend ankommt), sondern der 1. Teil hat in sich ein erhebliches Gewicht.

Im **1. Teil** wird eine Gemeinde, die gut auf dem Wege, aber angefochten ist, ihres Weges gewiß gemacht.

Das geschieht in drei Durchgängen.

a) In der *Danksagung* (1,2–12) klingen die Themen an: Die Gemeinde hat sich im Vollzuge ihres Lebens trotz mancher Beschwernisse auf die Verkündigung des Paulus eingelassen (1,2–5). Durch ihr eigenes Wirken hat sie aber auch Paulus selbst entscheidend geholfen für sein Wirken an dem Ort, wo er sich jetzt aufhält (1,6–9a). Zurückgeführt wird beides auf die «Missionsverkündigung» des Apostels (1,9b–10).

b) In einer *Apologie des Evangeliums* (2,1–16) beginnt Paulus mit der eigenen Erfahrung einer Verfolgung (2,1f.), um dann die Erfahrungen der Thessalonicher bei seinem Aufenthalt unter ihnen als Hilfe für ihre gegenwärtige Situation zu entfalten

(2,3–12), was wiederum Paulus zum Danken für das Ankommen seines Wirkens in der Gemeinde veranlaßt (2,13). Wenn die Thessalonicher darauf in Bedrängnis gerieten, dann soll ihnen das Wissen darum helfen, daß sie in solcher Bedrängnis nicht allein sind (2,14–16).

c) Die Zusammengehörigkeit von *Apostel und Gemeinde* (2,18–3,13) kommt von beiden Seiten aus in den Blick: Der Apostel gehört zur Gemeinde und leidet unter der Trennung von ihr (2,18–3,5). Die Gemeinde hilft dem Apostel durch ihr Festhalten an seinem Evangelium (3,6–13).

Der ganze 1. Teil steht unter dem Leitmotiv des Dankes, den Paulus angesichts einer solchen Gemeinde ausdrückt. Diese Gemeinde aber, die nun auch noch durch diesen Dank ihres Weges gewiß gemacht worden ist, wird dadurch instandgesetzt, sich von Paulus weiterführen zu lassen.

Der **2. Teil** bringt nun die Weiterführung auf dem Wege (4,1–5,25).

a) Die Thessalonicher sollen zu *größerer Sicherheit im Wandel* angeleitet werden (4,1–12).

b) Sie sollen aber auch zu einem *umfassenderen Verständnis* von einem entscheidenden Glaubensinhalt (*der Parusie*) geführt und im Umgang damit ermuntert werden (4,13–5,11).

c) Schließlich bedürfen noch einige *Einzelfragen* klärender Hilfe (5,12–25).

Bei dieser Gliederung muß nun freilich beachtet werden, daß sie nachträglich aus dem Ganzen erschlossen worden ist. Sie kann vorläufig nicht mehr als das Gefälle, als die Richtung der Ausführungen des Apostels andeuten. Manche Gedanken und Motive begegnen mehrfach, greifen auch ineinander über. Doch muß dieses vorläufige Erfassen des ganzen 1. Thess. immer im Hintergrund stehen, wenn die einzelnen Abschnitte richtig verstanden werden sollen.

II. Auslegung

1,1 Briefeingang (Präskript)

Paulus, Silvanus und Timotheus der (= an die) **Gemeinde der Thessalonicher in Gott dem Vater und dem Herrn Jesus Christus. Gnade** [sei mit] **euch und Friede.**

Briefeingänge und Briefschlüsse wurden damals (wie auch heute noch) nach bestimmten, allgemein üblichen Formulierungen gestaltet. Ein Schreiber denkt sich meist nicht viel dabei, wenn er die übernimmt. An den Stellen aber, wo er sie verändert, wird man eine bestimmte Aussage-Absicht unterstellen dürfen.

Im griechisch-hellenistischen Raum, in dem Paulus sich jetzt aufhält, war es üblich, für das Präskript einen einzigen Satz zu benutzen: Der Absender nannte seinen eigenen Namen im Nominativ und schloß im Dativ den Namen des Empfängers an. Unmittelbar darauf folgte ein Verbum im Infinitiv (*chairein*), das etwa mit «freuen» zu übersetzen ist, womit in einer Kurzformel ein Gruß ausgedrückt werden sollte. (Beispiele im Neuen Testament: Jak. 1,1; Apg. 15,23; 23,26.) Am Schluß des Briefes stand ein Wunsch. Dieser wurde vom Absender, wenn er den Brief diktiert hatte (was vielfach üblich war), eigenhändig hinzugefügt. (Bei den Paulus-Briefen ist das Gal. 6,11ff. besonders deutlich. Den Gal. hat der Apostel also sicher diktiert. Ob das auch für den 1. Thess. gilt, läßt sich nicht ganz sicher sagen. Im Original ließ sich das an der unterschiedlichen Schrift erkennen. Wir haben aber von keinem neutestamentlichen Schreiben mehr das Original zur Verfügung, sondern lediglich Abschriften, von denen die älteste, auf Papyrus geschrieben, etwa aus dem Jahr 200 stammt.) Ein Vergleich der Präskripte der Paulus-Briefe zeigt, daß sie mit der Zeit gewachsen sind. Im ältesten, dem 1. Thess., findet sich das kürzeste, im letzten, dem Röm., das längste Präskript. Dieses Wachsen deutet auf eine sehr bewußte Gestaltung hin. Eben die darf aber auch bereits für das Präskript des 1. Thess. angenommen werden. Sie fällt vor allem dann auf, wenn man auf die charakteristischen Weiterbildungen achtet, die Paulus am griechischen Formular vornimmt. Den Infinitiv gestaltet der Apostel zu einem zweiten Satz aus (und nähert sich damit dem orientalischen Briefpräskript, das aus zwei Sätzen bestand). Der zweite Satz beginnt jetzt mit dem Substantiv *charis* (Gnade), das sprachlich zum gleichen Stamm wie das Verbum *chairein* im griechischen Formular gehört.

Der Gruß lautet nun: «Gnade [sei mit] euch und Friede!» Es ist möglich, daß Paulus damit eine Wendung aufnimmt, mit der sich Christen zu grüßen pflegten. Diese Vermutung liegt nahe, da **«Friede»** (*schalom*) ein verbreiteter orientalischer Gruß war (und auch heute noch ist). Durch das Voranstellen von **«Gnade»** wird er christianisiert. Man soll nun gewiß nicht zu viel in einzelne Begriffe eintragen, schon gar nicht, wenn sie durch häufigen Gebrauch zur Gewohnheit geworden sind. Dennoch wird man unterstellen dürfen, daß Paulus sich nicht mit einem einfach konventionellen Gruß begnügen will, sondern ihn als bewußten Zuspruch formuliert. Friede besagt dann mehr als das, was wir im allgemeinen darunter verstehen. Das Wort drückt das Ganze, das Heile aus, und insofern «Heil». Das vorangestellte Wort Gnade sagt dieses Heil als ein von Gott geschenktes an. Formal gilt dieser Gruß natürlich den Lesern. Man wird jedoch hier schon bedenken müssen, daß Paulus weiß: Dieser Brief wird der versammelten Gemeinde vorgelesen (5,27). Der Vorleser entbietet ihr also diesen Gruß als Zuspruch des Paulus und seiner Mitabsender.

Ein weiteres christliches Moment kommt sodann in der Bezeichnung der Briefempfänger zum Ausdruck, wobei es wieder hilfreich zum Verstehen ist, wenn man sich die Situation des Vorlesens vor Augen hält. Der griechische Ausdruck, der zunächst begegnet, lautet **ekklesia**. In griechisch-hellenistischen Städten ist das die vertraute Bezeichnung für die Volksversammlung (vgl. Apg. 19,32.39). Ursprünglich liegt also ein profaner Sinn vor. Es dürfte nun bezeichnend sein, daß die Christen gerade diesen Ausdruck als Selbstbezeichnung für ihre Gemeinschaft wählten. Sie grenzten sich dadurch zwar einerseits von der Synagoge (und anderen Kultverbänden) ab, brachten aber andererseits mit der Aufnahme gerade dieses Begriffs zugleich einen Anspruch zum Ausdruck, der auf Öffentlichkeit hin tendierte. Es ist schwer, ihn präzise zu übersetzen, weil die beiden in Frage kommenden deutschen Begriffe heute leicht mißverstanden werden. Übersetzt man nämlich mit «*Kirche*», denkt man leicht an eine Organisation als übergreifende Einheit, während «*Gemeinde*» durchweg nur auf die Christen am Ort bezogen wird. Diese werden hier zwar angesprochen (und darum wurde oben auch ekklesia mit Gemeinde übersetzt), dabei muß man aber immer mitdenken, daß die Christen als solche angesprochen werden, die sich versammelt haben und die als Versammelte in Erscheinung treten. Zum Begriff ekklesia gehört immer die Vorstellung, daß die Versammlung der Gemeinde am Ort die gesamte Kirche an allen Orten repräsentiert, die im konkreten Augenblick hier und jetzt in Erscheinung tritt. Dieses Moment wird im 1. Thess. dadurch noch deutlicher als in anderen Paulus-Briefen, daß nur hier das nomen gentilicum (die Thessalonicher) benutzt wird, während der Apostel später die geographischen Bezeichnungen (wenn auch mit dem gleichen Sinn) wählt (Galatien, Philippi usw.; vgl. auch 2,14). Hören die versammelten Christen sich also zunächst als «Volksversammlung der Thessalonicher» angeredet (was dann «profane» Assoziationen bei ihnen hervorrufen kann), so erfolgt doch sofort sowohl eine Abgrenzung als auch eine Qualifizierung gegenüber diesem Verständnis: Die ekklesia der Thessalonicher wird charakterisiert als «in Gott dem Vater und dem Herrn Jesus Christus». Einerseits steht diese Wendung einfach für das Adjektiv «christlich», das es damals noch nicht gab; und als «christliche ekklesia» ist diese Versammlung eben etwas anderes als eine Volksversammlung der Bürger. Würden wir diese Wendung jedoch lediglich mit «christlich» übersetzen, wäre mit diesem heute ziemlich abgegriffenen Adjektiv zu wenig gesagt. Die Zahl der versammelten Christen wird man sich klein, ihre soziale Stellung niedrig, ihren öffentlichen Einfluß unbedeutend vorstellen müssen. Dennoch soll eben diese Schar wissen, daß sie im Namen Gottes, des Vaters, und des Herrn Jesus Christus versammelt ist. Damit ist sowohl ihre Würde angegeben als auch ihre Aufgabe bestimmt.

Nun sind aber mit der ekklesia der Thessalonicher zugleich die **Absender** des Briefes «versammelt». Im 1. Thess. werden *nur* die Namen genannt: Paulus, Silvanus und Timotheus. Anfangs ist das einfach das Selbstverständliche. Erst in späterer Zeit wird es nötig sein, daß zu den Namen Titel hinzugefügt werden, etwa der des Apostels, wenn die apostolische Autorität des Paulus innerhalb der angeschriebenen Gemeinden problematisch oder gar von Gegnern bestritten worden ist (z. B. Gal. 1,1; 2. Kor. 1,1). Das verleiht den späteren Briefen gelegentlich einen «amtlichen» Charakter. Im 1. Thess. ist davon nichts zu spüren. Das Schreiben macht einen vergleichsweise «persönlichen» Eindruck; und offenbar legt Paulus sogar Wert darauf, daß der erhalten bleibt (vgl. 2,7). So ist die bloße Nennung der Namen das eigentlich

Selbstverständliche, was nicht eigens zu begründen ist. Begründet werden muß vielmehr, warum später Titel und weitere Charakterisierungen begegnen.

Man hat oft gefragt, warum Paulus «Mitabsender» nennt, und in dem Zusammenhang, welchen Anteil diese an der Gestaltung des Schreibens haben. Nun begegnet im 1. Thess. so oft wie in keinem anderen Schreiben des Paulus die 1. Person pluralis. Die einzigen Ausnahmen finden sich 2,18; 3,5; 5,27. Diese Stellen zeigen aber sehr deutlich, daß Paulus der alleinige Verfasser des Briefes ist (vgl. unten, S. 53). Dementsprechend müssen alle Wir-Aussagen (wenn es sich nicht um ein kommunikatives Wir handelt, in dem Paulus sich mit den Lesern zusammenschließt, wie etwa 4,14–17; 5,6. 8–10) als Aussagen des *Paulus* verstanden werden. Würde es dann nicht aber naheliegen, daß der Apostel Silvanus und Timotheus erst am Schluß des Briefes als Grüßende nennt, nicht aber im Präskript als Mitabsender? Diese beiden sind jedoch nicht eigentlich Mitabsender; sondern es sind die beiden Mitarbeiter, die mit Paulus zusammen in Thessalonich gewirkt haben (vgl. auch 3,2). Mit diesem Schreiben will der Apostel das gemeinsame Wirken fortsetzen. Wenn der Brief dann in der Gemeinde verlesen wird, ist Paulus dort «anwesend»; und mit ihm zusammen sind es seine beiden Begleiter (vgl. wieder das oben zu ekklesia Gesagte). Alle drei entbieten (erneut) den Thessalonichern den Gruß als Zuspruch. Dann aber nimmt Paulus das Wort.

1. Teil

**1,2–3,13   Zuspruch vergegenwärtigter Vergangenheit:
             Gemeinde und Apostel auf dem Wege**

1,2–10   Aus Dankbarkeit leben ...

**2 Wir danken Gott allezeit für euch alle,
wenn wir in unseren Gebeten euer gedenken,
3 wenn wir [dabei] unaufhörlich vor Gott, unserem Vater, eingedenk sind eures Werkes des Glaubens, (eurer) Mühe der Liebe, (eurer) Geduld der Hoffung** [orientiert an] **unserem Herrn Jesus Christus,
4 wissen wir doch, von Gott geliebte Brüder, um eure Erwählung;
5 denn unser Evangelium kam zu euch nicht allein im Wort, sondern auch in Kraft und im heiligen Geist und in großer Fülle – wie ihr ja auch wißt, in welcher Weise wir unter euch gewirkt haben, euch zugut.
6 Ihr seid [nun] unsere «Nachfolger» geworden und [damit die] des Herrn, indem ihr das Wort angenommen habt in großer Bedrängnis mit Freude, [wie sie] der heilige Geist [schenkt],
7 so daß ihr ein «Vorbild» für alle Glaubenden in Makedonien und Achaja geworden seid. 8 Von euch aus nämlich ist das Wort des Herrn erklungen, nicht nur in Makedonien und Achaja; sondern an jeden Ort ist euer Glaube an Gott gedrungen, so daß wir nicht nötig haben, etwas [davon] zu sagen.
9 Sie selbst nämlich erzählen von uns: Was für einen Eingang wir bei euch gefunden haben, und wie ihr euch zu Gott gewandt habt, weg von den Götzen, um dem lebendigen und wahren Gott zu dienen 10 und seinen Sohn aus den Himmeln zu erwarten, den er auferweckt hat von den Toten, Jesus, der uns von dem kommenden Zorn errettet.**

Der des Griechischen unkundige Leser sollte ein wenig um die Schwierigkeiten wissen, vor denen der Übersetzer oft steht, bei unserem Abschnitt aber in besonderem Maße. Im semitischen Denken, das hinter paulinischen Formulierungen häufig zu erkennen ist, wird ein Gedanke *neben* den anderen gestellt. Diese Gedanken sollen dann zusammen verstanden werden. Wird das nun aber in griechischer Sprache ausgedrückt, dann erscheinen diese Gedanken als *voneinander abhängig*. Sie werden durch die besonderen grammatischen Formen (die das Hebräische bzw. Aramäische so nicht kennt) einander zu- und untergeordnet. In den V. 2–5 ist dieses Problem oben durch den Schriftsatz angedeutet. Die Verse bilden im Griechischen *einen* Satz, enthalten aber mehrere *nebeneinander* stehende Gedanken. Im Griechischen sind von dem Verbum «wir danken» (V. 2a) zunächst drei Verben im Partizip abhängig, die so gar nicht ins Deutsche übersetzt werden können, sondern in anderen Formen des Verbums wiedergegeben werden müssen: wir gedenken (V. 2b), wir sind eingedenk (V. 3), wir wissen (V. 4). Daran schließt sich dann ein begründender Nebensatz an (V. 5). Für die Auslegung ergibt sich daraus: Wenn die V. 2–5 auch nur einen einzigen Satz bilden und wir geneigt sind, viel Gewicht auf die innere Beziehung der Teile dieses Satzes zueinander zu legen, dürfen wir gerade das nicht strapazieren. Paulus geht es nicht darum, in der Logik der griechischen Sprache (und – nach der Übersetzung – in der Logik der deutschen Sprache) seine Gedanken zu formulieren, sondern er denkt hier eben semitisch. Für ihn stehen daher die einzelnen Gedanken (V. 2b + V. 3 + V. 4 + V. 5) viel stärker nebeneinander, als es nach der Übersetzung den Anschein hat.

Dazu kommt ein Weiteres. Der Apostel schreibt spürbar in freudiger Erregung. In seinem Überschwang verfällt er in eine manchmal etwas «übertreibende», manchmal auch plerophorische Ausdrucksweise. «Allezeit» dankt er «für alle» (V. 2); er ist «unaufhörlich» eingedenk (V. 3). Die Thessalonicher sind für «alle» Glaubenden Vorbild (V. 7); ihr Glaube ist «an jedem Ort» bekannt geworden (V. 8). Das Evangelium kam «in Kraft, im heiligen Geist, in großer Fülle» (V. 5). Die Auslegung wird das insofern zu bedenken haben, als sie nicht jede einzelne Formulierung gleichsam auf die Goldwaage legen und nicht die einzelnen Begriffe inhaltlich mit all dem füllen darf, was sich uns assoziiert, wenn wir diese Begriffe hören. Die Auslegung wird statt dessen sehr viel stärker die «Stimmung» vermitteln müssen, an der Paulus seinen Lesern Anteil geben will.

Schließlich muß auch hier (wie bereits zu 1,1) darauf hingewiesen werden, daß der Apostel an vorgegebene Formen anknüpft und bereits vor ihm formulierte Wendungen aufnimmt: die «Form» der Danksagung am Anfang eines Briefes, die «Trias» Glaube/Liebe/Hoffnung (V. 3) und die «Missionsverkündigung» (V. 9b–10). Hier gilt es dann vor allem darauf zu achten, wie Paulus das Vorgegebene jeweils aufnimmt, einordnet und auf diese Weise interpretiert.

Getragen wird das ganze Kap. vom ersten Wort: wir danken. Dieses Verbum trägt nicht nur die V. 2b–5, die sich auf den guten Christenstand *in* der Gemeinde beziehen, sondern auch die V. 6–8, in der das Wirken der Gemeinde *nach außen* angesprochen wird. Zum Abschluß gebracht wird dieser Gedankengang dann dadurch, daß das Wirken der Gemeinde nach außen (nun bezogen auf die Leute, in deren Mitte Paulus jetzt lebt) auf seinen Ausgangspunkt zurückgeführt wird (V. 9–10).

Damit bildet dieser Abschnitt zugleich den Übergang zu den Ausführungen 2,1ff. Der gute Wandel der Thessalonicher, für den Paulus dankt, ist ein Wandel, der aus seiner Grundlegung am Anfang lebt, der aber zugleich immer neu von diesem Anfang aus durchdacht und von diesem durchdachten Anfang aus immer neu gestaltet werden will.

V. 2 Es entspricht frommer antiker Sitte, einen Brief mit einer **Fürbitte** und (oder) mit einem **Dank** zu beginnen. Ihr schließt Paulus sich in allen Briefen (außer, aus naheliegenden Gründen, im Gal.) an. An unserer Stelle kombiniert er beide Motive, wobei die Fürbitte in den Dank hineingenommen wird. Natürlich will der Apostel nicht sagen, daß er «allezeit» Gott dankt, sondern: Immer wenn er betet, dankt er Gott (auch) für die Thessalonicher. Bezeichnend ist dabei, daß dieser Dank nicht an die Adresse der Gemeinde gerichtet ist, sondern an Gott. Trotz der Anerkennung, die die Thessalonicher wirklich verdienen, ist der gemeinsame Bezugspunkt für ihn und die Gemeinde immer Gott. Später wird Paulus das so ausdrücken, daß kein Christ sich wegen seiner eigenen Leistung rühmen darf.

V. 3 entfaltet dann den **Inhalt des Dankes**. Um ihn richtig zu verstehen, muß man von dem durch eine Fülle von Genitiven außerordentlich komplizierten griechischen Text ausgehen. Sklavisch übersetzt lautet der mittlere Teil des Verses, auf den es zunächst ankommt: (Wir gedenken) «eures (1. Genitiv) des Werkes des Glaubens und der Mühe der Liebe und der Geduld der Hoffnung (2.–7. Genitiv) unseres Herrn Jesus Christus (8. Genitiv)» (vor Gott unserem Vater). Nun verfehlt man bestimmt die Aussage des Paulus, wenn man versucht, die Begriffe der 2.–7. Genitive einzeln mit dem zu füllen, wie der Apostel diese Begriffe sonst verwendet. Man muß vielmehr beachten, daß Paulus hier zwei Triaden miteinander verbindet: Glaube/Liebe/Hoffnung und Werk/Mühe/Geduld. Man darf daher nicht die einzelnen Begriffe, sondern man muß die beiden Triaden in ihrer Gesamtheit aufeinander beziehen. Paulus hat beide vorgefunden. Für die erste Trias läßt sich das schon zeigen, wenn man mit 5,8 vergleicht. Hier verknüpft er die dreigliedrige Trias (Glaube/Liebe/Hoffnung) mit einer (ebenfalls übernommenen) zweigliedrigen Waffenrüstung (Panzer/Helm) und bezieht beide geschlossen aufeinander (vgl. S. 69). Außerdem begegnet die Trias 1. Kor. 13,13; und sie steht hinter Röm. 5,1–5 u. Gal. 5,5f. (dort allerdings nicht mehr so klar erkennbar, weil Paulus sie dort aufgelöst und die einzelnen Begriffe seinem eigenen Sprachgebrauch angeglichen hat). An unserer Stelle muß man davon ausgehen, daß die Trias als geschlossenes Ganzes verstanden sein will. Sie drückt (so wie Paulus sie übernommen hat) die wesentlichen Kennzeichen des christlichen Lebens aus, «das auf dem Glauben beruht, von der Bruderliebe getragen wird und auf die eschatologische Zukunft in Hoffnung ausgerichtet ist» (M. Dibelius). – Die zweite Trias (Werk/Mühe/Geduld) begegnet zwar bei Paulus sonst nicht mehr. Daß es sich dennoch auch bei ihr um eine vom Apostel übernommene Wendung handelt, legt ihr formelhaftes Vorkommen Off. 2,2 nahe. – Wie sind nun diese Triaden an unserer Stelle aufeinander zu beziehen?

Im Griechischen ist es meist so, daß der regierende Genitiv dem von ihm abhängigen vorangeht. Dann hätte Paulus sich bei seiner Aussage zunächst an dem orientiert, was sichtbar vor Augen liegt: Die Thessalonicher sind auf einem Wege, dessen sichtbare Kennzeichen Arbeit, Mühe und Geduld sind. Dabei könnte man an die Verfolgung denken (2,14), aber auch an die Todesfälle mit den daraus entstandenen Problemen. Dieser nicht einfache Weg der Gemeinde würde dann interpretiert: Er soll dennoch verstanden werden als ein Weg der Christen. Kurz formuliert: Das Beschwerliche, das die Thessalonicher auf sich genommen haben, haben sie *gerade als Christen* auf sich genommen. – Denkbar ist freilich auch, daß die Akzente umgekehrt liegen. Paulus würde dann zunächst auf den Christen-Weg der Thessalonicher abheben. Zu denken wäre dann etwa an das 2,13; 3,6.9 Aus-

geführte. Nun würde betont, daß die Thessalonicher an diesem Weg nicht irrege-
worden sind, obwohl er mit erheblichen Belastungen gegangen werden mußte. Kurz
formuliert: Die Gemeinde ist ihren Christen-Weg *mit ungewöhnlicher Hingabe* gegangen.

Wahrscheinlich wird man jedoch diese beiden Möglichkeiten der Auslegung nicht
alternativ einander gegenüberstellen dürfen, da sie zu sehr der Logik der griechischen Sprache entstammen. Beide werden miteinander zu verstehen sein. Festgehalten werden muß aber auf jeden Fall, daß zwei (von Paulus übernommene) Triaden,
nicht jedoch drei Begriffspaare nebeneinandergestellt sind und sich gegenseitig in-
terpretieren sollen. Dann wird auch der ganze auf den ersten Blick so kompliziert
scheinende Vers durchsichtig. Der 1. Genitiv (euer) und der 8. Genitiv (unseres
Herrn Jesus Christus) beziehen sich auf die gesamte Doppeltrias:

Wir gedenken

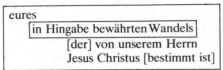

                                    vor Gott unserem Vater.

V. 3 steht also neben V. 2b, denn in V. 3 wird entfaltet, was es inhaltlich heißt, daß
Paulus «euer» gedenkt (V. 2b).

Das dabei Ausgeführte wird jetzt **V. 4** auf einen Begriff gebracht: **Erwählung**. Das
darf man auf keinen Fall spekulativ verstehen, wie es dann etwa in der späteren Prädestinationslehre geschehen ist. Diese denkt von einem vorzeitigen Plan Gottes aus,
in dem kommendes Geschehen im voraus festgelegt worden ist. Paulus denkt jedoch
von der Gegenwart aus und schließt von ihr aus zurück. Weil er weiß (und gerade
ausgeführt hat), daß die Gemeinde ihr Christsein bewährt hat, zeigt sich eben darin,
daß sie von Gott erwählt ist, wie er dann auch die Thessalonicher ausdrücklich als
«von Gott geliebte Brüder» anredet. Daß das hier in ungewöhnlicher Herzlichkeit
geschieht, wird oft betont und ist wohl auch richtig. Wichtiger aber ist, daß mit dieser Anrede die Aussage von der Erwählung vorbereitet wird. Paulus stellt nämlich
implizit die Frage, wie es möglich ist, daß die Gemeinde ihren Wandel in solcher
Hingabe bewähren konnte. Sie hat das nicht aus sich selbst vermocht; es liegt keine
eigene Leistung vor, sondern nur als von Gott Geliebte waren die Thessalonicher
dazu imstande. Von dem guten Wandel der Gemeinde aus schließt Paulus auf das
Woher dieses Wandels. Er war nur möglich, weil Gott die Thessalonicher erwählt
hat. Man darf diesen Gedanken also keineswegs umkehren und die (vorzeitige)
Erwählung durch Gott als etwas verstehen, auf das sich die Thessalonicher berufen
könnten.

V. 5 nimmt Paulus noch einmal den Gedanken des Woher auf. Hatte er es eben auf
Gott zurückgeführt, dann führt er es jetzt (sachlich jedoch völlig parallel) auf sein eigenes Wirken zurück. Auffällig ist, daß Paulus hier von «seinem» **Evangelium**
spricht. Das klingt sehr subjektiv; und nicht selten meint man, solcher Subjektivität
gegenüber Vorbehalte anmelden zu müssen. Geht es denn beim Evangelium nicht
eher um eine «objektive» Größe, um das Evangelium Gottes (2,2. 8. 9) oder Christi
(3,2)? Doch sagt Paulus, er sei mit ihm betraut worden (2,4). Nun handelt es sich
beim Evangelium sicher *auch* um die Botschaft, die der Apostel nach Thessalonich
gebracht hat. Sie ist aber nicht nur menschliche Rede, die (gleichsam objektiv) In-

formationen vermittelt und Inhalte des Glaubens zur Kenntnis bringt, die dann, in einem zweiten Schritt, in Wandel umgesetzt werden müßten. Das Evangelium ist vielmehr *wirkendes Wort*, das seinen Inhalt bringt und austeilt. Es kommt eben in Kraft, im heiligen Geist, in großer Fülle. Es verwandelt Menschen, die sich von ihm treffen lassen. Doch bietet Paulus hier nun keineswegs so etwas wie eine «Predigtlehre» (etwa in dem Sinne: Das Wort muß wirken). Paulus stellt keine Behauptung auf, sondern er konstatiert: Das Evangelium *hat* gewirkt. Und eben das demonstriert er an sich selbst. Für die Wirksamkeit des Evangeliums hat Paulus keinen anderen «Beweis» als sein eigenes Auftreten unter den Thessalonichern. Die Gemeinde weiß, in welcher Weise der Apostel in ihrer Mitte gewirkt hat; und sie weiß, daß das ihr zugut geschehen ist, denn das *Wirken des Paulus* unter den Thessalonichern war «*sein*» *Evangelium*. Diese «Subjektivität» ist für den Apostel unverzichtbar, weil nur ein gelebtes Evangelium in Wahrheit ein wirkendes Evangelium ist. Ein «objektives» Evangelium dagegen käme «im Wort allein». So nennt Paulus dann an dieser Stelle auch keinen anderen Inhalt des Evangeliums als allein sein Leben unter den Thessalonichern, was 2,1–13 weiter entfaltet wird. Später wird man dieses Motiv so formulieren: Vita clericorum evangelium laïcorum (Das Leben der Kleriker ist Evangelium für die Laien). Bei aller Problematik dieses Satzes, die nicht nur in der Unterscheidung zwischen Klerikern und Laien liegt, sondern die vor allem dann zutage tritt, wenn man ihn umkehrt und als Forderung der «Laien» an «Kleriker» versteht – für den Verkündiger des Evangeliums bleibt er richtig und wichtig: Nur das im eigenen Leben bezeugte Evangelium ist glaubwürdig. Wenn Paulus hier dann in diesem Sinne auf sich selbst verweist, tut er es letztlich nicht um seiner selbst willen, sondern er tut es im Blick auf die Thessalonicher. Dadurch, daß die Gemeinde ihr Christsein unter Mühen lebt, zeigt sie, daß das *Evangelium* des Paulus bei ihr (und zwar: in ihrem *Leben*) angekommen ist.

In diesem ersten langen Satz der Danksagung wird, wenn auch in gedrängter Kürze, der Tenor des ganzen Briefes vorbereitet. Die Gemeinde, deren Anfechtungen Paulus vor Augen hat und auf die hin er jetzt schon formuliert, kann zunächst darauf angesprochen werden, daß bei ihr christliches Leben vorhanden ist. Sie wird trotz bestehender Probleme erst einmal darauf verwiesen, was sie «hat». Das ist für Paulus der entscheidende Anknüpfungspunkt. Indem er die Thessalonicher nun anleitet, das umfassender zu verstehen und dabei immer das Woher mitzubedenken, macht er das mit seinen Augen gezeichnete «Bild» der Gemeinde gleichsam zum «Text», mit dem er sie anredet, um sie auf ihrem Wege gewisser zu machen.

Dabei kann er dann **(V. 6–8)** auf einige Schritte hinweisen, die sie bereits auf diesem Wege gegangen ist. Betrachten wir zunächst einfach die erkennbaren Fakten. Die Gemeinde hat selbst gewirkt, und zwar nach außen. Sie war darin «erfolgreich». Die Vermutung könnte naheliegen, daß sie selbst Mission getrieben hat. Darauf könnte die Wendung in V. 8 hinweisen, daß von Thessalonich aus «das Wort des Herrn erklungen ist». Da jedoch in diesem Zusammenhang (wie bereits V. 7) außer Makedonien auch Achaja genannt wird (die Landschaft also, in deren Hauptstadt Korinth Paulus sich jetzt aufhält), wird an eine planmäßige Mission nicht zu denken sein, wohl aber an so etwas wie eine indirekte Mission: Es hat sich herumgesprochen, daß es in Thessalonich eine lebendige Christengemeinde gibt. Wo aber die Kunde vom Bestehen einer solchen Gemeinde laut wird, kann Paulus eben diese Kunde als «Wort des Herrn» bezeichnen. Daß er gerade diesen Ausdruck wählt, versteht man besonders gut, wenn man sich die Situation vor Augen hält, in der sich der Apostel bis vor kurzem befand und die sich nach der Rückkehr des Timotheus (mit den Boten aus Makedonien) total verwandelt hat (vgl. S. 14.16). Diese haben in Korinth von der Gemeinde in Thessalonich erzählt. Diese Erzählung aber hat in Korinth als «Wort des Herrn» gewirkt. Paulus, der mit manchen Schwierigkeiten zu kämpfen hatte, braucht nun bei seiner eben erst richtig einsetzenden Tätigkeit in Korinth auf das Beispiel der Thessalonicher nicht selbst zu verweisen. Davon weiß man jetzt bereits. Für Paulus ist das eine überwältigende Erfahrung: Die Thessalonicher helfen ihm bei seiner Missionsarbeit. In Korinth erlebt er das ganz unmittelbar. Doch das gilt ja nun auch grundsätzlich und nicht nur für den Ort, wo Paulus das selbst erlebt. So kommt die Stimmung des Apostels auch dadurch zum Ausdruck, daß er mit freundlicher Übertreibung davon spricht, der Glaube der Thessalonicher sei «an jeden Ort» gedrungen. So ist also die Gemeinde auch nach Weggang des Paulus gut auf dem Wege geblieben.

Diese erfreulichen «Fakten» referiert Paulus nun aber wieder nicht einfach, sondern er hilft den Thessalonichern, sie umfassender zu verstehen. In diesen Versen geschieht das nicht im Anschluß an die Darstellung, sondern gleich als Auftakt V. 6f., weil der Apostel an gerade Gesagtes anknüpft: zuerst an V. 5, dann an die Doppeltrias V. 3, wobei er beide Gedanken mit anderen Worten wiederholt. Auf dem Wege geblieben ist die Gemeinde, indem sie das Wort angenommen hat, aber eben nicht nur als «Wort», sondern als Evangelium des Paulus. Dieses (und damit also sein Wirken in ihrer Mitte) nahm sie in ihr eigenes Leben hinein und tat das in der Spannung von Bedrängnis und Freude. Dabei wird an dieser Stelle das Motiv «Mühe» aus V. 3 zum Motiv «Bedrängnis» gesteigert. (Man kann das griechische Wort an dieser Stelle auch mit «Trübsal» übersetzen.) Angespielt ist nun schon auf die Verfolgung, die die Thessalonicher erlitten haben (2,14). Daß die Gemeinde in dieser Spannung auf dem Wege blieb, war keine eigene Leistung, sondern Werk und Geschenk des heiligen Geistes. So haben die Thessalonicher selbst das Evangelium gelebt, das Paulus ihnen zugelebt hatte.

Genau das wird dann mit einem Begriffspaar ausgedrückt, das einen komplexen Sachverhalt in kurze Formeln faßt: **typos** (V. 7) und **mimetes** (V. 6). Die deutschen Worte **«Vorbild»** und **«Nachahmer»** geben das Gemeinte nur unzureichend wieder. Zunächst muß man wissen, daß in den griechischen Texten des Neuen Testaments eine sprachliche Unterscheidung ganz konsequent durchgeführt wird, die man in deutschen Übersetzungen oft nicht erkennt, weil unser heutiger Sprachgebrauch ungenau ist. Das Wort «nachfolgen» *(akolouthein)* begegnet nur in den Evangelien. Es meint ganz präzise das Hinterhergehen. Darum war eine Nachfolge im strengen Sinn des Wortes nur zur Zeit des irdischen Jesus möglich. Nach Ostern werden Christen niemals mehr als «Nachfolger» Jesu bezeichnet; und es wird niemals jemand in die «Nachfolge» gerufen. Die Orientierung am (auferstandenen) Herrn wird immer mit anderen Worten ausgedrückt. Ein einheitlicher Sprachgebrauch hat sich noch nicht durchgesetzt. *Eine* der verschiedenen Möglichkeiten begegnet hier.

Paulus bezeichnet die Gemeinde zunächst als seine «Nachahmer», fügt aber sofort interpretierend hinzu: Indem die Thessalonicher seine Nachahmer wurden, wurden sie «Nachahmer des Herrn». Wenn Paulus vom Herrn (griechisch: Kyrios) redet, meint er nicht den irdischen Jesus, sondern den Auferstandenen, den Erhöhten, auf dessen «Tag» die Christen warten (5,2). Paulus selbst versteht sich als «Nachahmer des Christus» (1. Kor. 11,1) und kann die Gemeinde auffordern, *seine* «Nachahmer» zu werden (1. Kor. 4,16), weil er selbst «Vorbild» der Gemeinde ist (Phil. 3,17). Man erkennt hier also so etwas wie eine Kette. Der Kyrios (bzw. der Christus) ist typos («Vorbild»), Paulus sein «Nachahmer». Als «Nachahmer» des

Christus ist Paulus typos («Vorbild») für die Gemeinde. Wird sie «Nachahmer des Paulus und damit des Kyrios», ist sie als solche zugleich typos («Vorbild») für andere Gemeinden. Eben das *sind* die Thessalonicher für alle Glaubenden in Makedonien und Achaja geworden. – Bezeichnend ist, daß Paulus im 1.Thess. im Indikativ spricht: Die Thessalonicher *sind* «Nachahmer» und «Vorbild» geworden. 1. Kor. 4,16; 11,1; Phil. 3,17 steht dagegen der Imperativ: Die Gemeinden *sollen* «Nachahmer» werden. – Nun gilt ganz gewiß auch für die Thessalonicher, daß sie das, was sie «sind», immer neu «werden» sollen. Die unterschiedlichen Akzente im 1. Thess. und im 1. Kor. und Phil. beruhen jedoch nicht auf Zufall, sondern sind ein Hinweis auf den besonderen Charakter des 1. Thess., mit dem er sich von den anderen Paulus-Briefen unterscheidet.

Nun dürfte sofort einleuchten, daß der Begriff «Nachahmer» im Sinne von Imitator unzureichend ist. Würde die Kette erst bei Paulus anfangen, könnte dieses Verständnis zwar noch Sinn geben[3]. Da die Kette aber beim erhöhten Kyrios beginnt (genauer: da sie bis auf ihn zurückgeführt wird), kann eine Imitation auf keinen Fall gemeint sein. Das richtige Verständnis erschließt sich, wenn man vom Begriff typos ausgeht. Er meint ursprünglich kein nachzuahmendes Vorbild, sondern bezeichnet den *Prägestempel*, der eine Spur hinterläßt, dann aber auch das *Geprägte* selbst, das nun seinerseits wieder prägt. Paulus versteht sich also als einer, der vom Herrn geprägt worden ist. Die Thessalonicher aber sind vom Apostel und eben deswegen und durch ihn zugleich vom Herrn geprägt. – Was das inhaltlich heißt, drückt Paulus so aus, daß diese Prägung geschah, indem die Gemeinde das Wort (und zwar als Evangelium des Paulus!) in der Spannung von Bedrängnis und Freude angenommen hat und so selbst wieder zum typos für andere wurde.

Diese Spannung ist ein wesentliches Kennzeichen für die **Christologie** des Paulus. Für den Apostel ist die Orientierung am Kyrios (am erhöhten Herrn) immer zugleich eine Orientierung an dem, der sich als Irdischer dahingegeben hat. Dieser Gedanke, der in späteren Briefen (vor allem in der Auseinandersetzung mit Irrlehren) weiter entfaltet wird (vgl. nur 2. Kor. 4,8–12), ist hier lediglich im Ansatz zu erkennen. Da Christen sich am Kyrios orientieren, gehen sie einen Weg in Herrlichkeit. Dennoch gehört zum unaufgebbaren Merkmal dieses Weges in Herrlichkeit, daß er als *Jesu* Niedrigkeitsweg gegangen wird. Da er in dieser alten Welt gelebt wird, bringt er Leiden mit sich (3,3), bedarf es der Waffenrüstung, um ihn zu gehen (5,8). Dieser Wandel der Christen hat seinen Grund in der Christologie, die man in einer Kurzformel so ausdrücken kann: Der Erhöhte bleibt der Gekreuzigte. Von diesem «Bild» des Kyrios sind die Christen geprägt. – Expressis verbis begegnet der in dieser Richtung entfaltete christologische Aspekt im 1. Thess. nur ganz selten (5,10; ähnlich 4,14). Das hängt damit zusammen, daß Paulus nicht bei Aussagen über die Lehre einsetzt, sondern beim Wandel. Er fragt, von woher dieser Wandel geprägt ist. Das führt ihn dann (gelegentlich) zu so etwas wie Lehraussagen, die sich an unserer Stelle freilich auf einen einzigen Begriff beschränken: Kyrios, der dann 1,9b–10 ein wenig weitergeführt wird.

Gerade weil hier das «dogmatische» Moment so knapp und fast versteckt erscheint, übersieht man leicht, welch gewichtige Aussage Paulus dennoch macht. Von diesem in der Spannung von Bedrängnis und Freude gegangenen Weg (der ja den «Alltag» der Leser beschreibt) wird der Gemeinde gesagt, daß es der ihr von Paulus und da-

---

[3] Der Verfasser des 2. Thess. hat dieses vordergründige Verständnis vertreten, wie 3,7 zeigt. Das ist eines von vielen Argumenten, die gegen die paulinische Verfasserschaft des 2. Thess. sprechen.

mit vom Herrn aufgeprägte Weg ist. In ihrem Leben repräsentiert die Gemeinde den Apostel; aber da der Apostel den Herrn repräsentiert, repräsentiert die Gemeinde nun selbst den Herrn. Man versteht dann sofort, daß Paulus die Gemeinde (bzw. die Kirche, vgl. S. 32) in weitergebildeter Terminologie später «Leib Christi» nennen kann. Wer sie sieht, sieht ihren Herrn. Ist er am Bilde der Gemeinde nicht zu sehen, bleibt er für Außenstehende überhaupt unsichtbar. Natürlich gehört zu diesem Sehen auch das Hören; nur kann das Hören niemals vom Sehen getrennt werden. Eine solche Trennung würde bedeuten, daß das Evangelium «allein im Wort» käme (V. 5), dann aber in Wahrheit gar nicht mehr Evangelium wäre, jedenfalls nicht das Evangelium des Paulus.

Den Thessalonichern gegenüber braucht der Apostel diese Möglichkeit jedoch nicht zu erwägen. Sie bildet hier lediglich den Hintergrund, vor dem der Gemeinde bewußt gemacht wird: In ihrem in Spannung durchgehaltenen Leben (V. 3) und Wirken (V. 6–8) haben sich die Thessalonicher als *vom Herrn geprägt* erwiesen. Darum ist die Kunde von diesem Leben und Wirken «Wort des Herrn», das nun seinerseits nicht nur prägende Kraft hat, sondern das, wie Paulus selbst erfahren·hat, prägend gewirkt hat. Das ist zunächst an den Korinthern geschehen und zeigt sich daran, daß diese davon erzählen. Das ist dann aber insbesondere (und zwar durch das Erzählen der Korinther) an Paulus selbst geschehen. Die Wirkung dieses «Wortes des Herrn» auf ihn war: Er ist wieder zum Leben gekommen (3,8). So hat er wirklich Grund, den Thessalonichern zu schreiben, daß er *Gott* allezeit *für sie alle* danke (V. 2).

Mit **V. 9b–10** erfolgt nun ein Abschluß der Danksagung, der allerdings durch seinen Inhalt zugleich 2,1ff. vorbereitet. Zum erstenmal kommt der Apostel auf so etwas wie «Lehre» zu sprechen. Man könnte den Eindruck gewinnen, daß er hier Inhalte seiner Missionsverkündigung wiederholt. Daß das (zumindest unmittelbar) nicht der Fall ist, wurde bereits früher begründet (vgl. S. 17ff.). Zwei weitere Argumente sprechen dagegen. Einmal ist auf das Gefälle der bisherigen Gedankenführung zu verweisen. Hatte Paulus V. 6 den Weg der Thessalonicher als einen vom Kyrios geprägten Weg interpretiert, dann wird genau das hier weiter entfaltet. Der Apostel will mit diesen Versen also nicht eigentlich einen Ausgangspunkt beschreiben, der dann Konsequenzen hatte, sondern Paulus hat ja bei den «Konsequenzen» eingesetzt und führt die nun auf ihr Woher zurück. Der Gemeinde soll also bewußt gemacht werden, wie es zu ihrem guten Wandel kam. – Sodann ist darauf hinzuweisen, daß Paulus an dieser Stelle eine vor ihm formulierte Tradition zitiert, die er also nicht selbst gestaltet hat. Das läßt sich (allerdings nur am griechischen Text) daran zeigen, daß hier unmittelbar nebeneinander eine große Anzahl von Worten begegnet, die entweder überhaupt nicht in anderen Paulus-Briefen vorkommen oder aber die er dort in einem anderen Sinn benutzt. Es liegt also eindeutig ein dem Apostel fremder Sprachgebrauch vor. Aber auch der Gedankengang ist für Paulus nicht typisch.

Woher er nun dieses Zitat übernommen hat, wo es entstanden ist und welche Funktion es früher einmal hatte, läßt sich nicht sicher ausmachen. Für die Exegese des 1. Thess. ist das aber auch fast ohne Bedeutung. Sie fragt ja nicht, was zitierte Wendungen früher einmal bedeutet haben, sondern was Paulus mit ihrer Hilfe sagen will. Die Auslegung kann nun jedoch davon ausgehen, daß die Leser in dieser Wendung Vorstellungen und Gedanken wiedererkennen konnten, die ihnen begegnet waren, als Paulus sie durch sein Wirken auf ihren Weg geführt hatte. Von dorther erschließen sich dann auch die Hauptmotive.

Mit der Bemerkung, daß sich die Thessalonicher von den Götzen weg und hin zu (dem *einen*) Gott gewandt haben, knüpft Paulus wahrscheinlich an die Tatsache an, daß sie früher einmal Gottesfürchtige im Umkreis der Synagoge waren (vgl. S. 20). Dort war ihre Hinwendung zum lebendigen und wahren Gott und zu seinem Dienst zumindest schon vorbereitet worden. Das ist für Christen und Juden gemeinsam. Nun folgt aber das spezifisch Christliche. Christen dienen keinem anderen Gott als die Juden, aber sie dienen ihm anders. Wie das Juden gegenüber formuliert werden muß (vgl. dazu S. 19), braucht Paulus hier nicht zu erörtern. Hier kommt vielmehr das für die Thessalonicher Charakteristische zum Ausdruck: Sie *warten* auf den Sohn Gottes aus den Himmeln, also auf die Parusie, die, wie schon gesagt, ein Motiv ist, das den ganzen Brief durchzieht. Später wird Paulus das noch explizieren (vor allem 4,13–5,11). Bezieht man das dort Ausgeführte hier schon ein, wird deutlich, daß es sich nicht um ein tatenloses Warten handelt, sondern es ist ein Warten, das das gegenwärtige Leben bestimmt. In dem Zitat klingt das nur mit einem Motiv knapp an: Rettung vom kommenden Zorn. Möglich ist, daß hier der apokalyptische Gedanke vorliegt, wonach die Endzeit eingeleitet wird mit Schrecken, Kriegen, Hungersnöten usw. (vgl. Mat. 24,6–12), die zusammengefaßt werden mit dem Begriff Zorn (vgl. 2,16). Ob die Thessalonicher freilich diesen Gedanken (aus dem Zitat) hier heraushören konnten und sollten, ist unwahrscheinlich. Heraushören konnten sie aber, daß sie die Zukunft nicht zu fürchten brauchen, also *getrost unterwegs* sein können. Das wird dann damit begründet, daß Gott in der Vergangenheit gehandelt hat, und zwar an dem, dessen Kommen die Thessalonicher erwarten. Dieser Sohn Gottes ist Jesus. Gottes Handeln an ihm war: Er hat ihn auferweckt von den Toten.

Wahrscheinlich vermissen wir hier eine Aussage, die auch das Sterben Jesu einbezieht (wie 4,14) oder die von seinem Sterben «für uns» redet (wie 5,10), weil das nach unserer Meinung zentrale Aussagen des Apostels sind. Das ist auch nicht falsch, nur ziehen wir leicht falsche Konsequenzen daraus. Zunächst einmal könnte man gerade an unserer Stelle darauf hinweisen, daß die Erwähnung des Todes Jesu und seiner Heilsbedeutung nun einmal nicht in der Formel stand und darum hier fehlt. Dann bleibt aber immer noch auffällig, daß Paulus diese «unvollständige» Formel zitiert, ohne sie zu ergänzen. Er muß sie also für in sich verständlich und ausreichend halten. Daß das der Fall ist, läßt sich zeigen. Auch 4,14 und 5,10 handelt es sich um von Paulus übernommene Formeln; und 5,10 wird nun gerade die Auferstehung nicht erwähnt. Charakteristisch für Paulus ist also dieses: Immer will er sagen, daß Gott das für das Heil Entscheidende in der Vergangenheit an Jesus getan hat. Darin hat die gegenwärtige Gewißheit ihren Grund. Da es ihm entscheidend auf diese gegenwärtige Gewißheit ankommt (hier: ein Leben frei von Furcht vor der Zukunft), kann er bei der Begründung aus der Vergangenheit variieren: Er kann allein auf die Auferstehung abheben (V. 10); er kann auf das Sterben Jesu «für uns» abheben (5,10); er kann kombinieren und auf Sterben und Auferstehen abheben (4,14). Nur weil wir nachträglich systematisieren, entsteht für uns der Eindruck, daß gelegentlich «etwas fehlt». Man muß aber auf die Argumentationsrichtung des Paulus achten: Gegenwärtiges Heil wird aus und mit Jesus-Vergangenheit begründet. Dann erkennt man, daß jede uns unvollständig scheinende Aussage für den Apostel eine vollständige ist. Er kann sie gegeneinander austauschen und wahlweise benutzen, wie es der jeweilige Kontext seines Gedankenganges nahelegt. Das wird man auch bei späteren Briefen des Apostels berücksichtigen müssen, weil er nahezu immer in dieser Richtung argumentiert. Er kann dann sogar sagen (ohne Tod und Auferstehung zu erwähnen), daß Gott bereits durch die *Sendung* seines Sohnes (Gal. 4,4) das Heil bereitet hat (vgl. Gal. 3,23–25).

So wird dann auch der Tenor dieser Danksagung deutlich. Paulus will die Thessalonicher auf ihrem Wege gewiß machen, indem er ihnen Vergangenheit interpretiert. Zunächst handelt es sich um die Vergangenheit der Gemeinde, um ihr Durchhalten und Wirken auf ihrem Wege, von dem sogar Paulus selbst wieder betroffen ist. Diese Vergangenheit lebt aus dem Anfang, dem Wirken des Apostels unter den Thessalonichern. Dieser Anfang wiederum lebt aus dem vorgängigen Tun Gottes, aus seinen Handeln an seinem Sohn. Das und nichts anderes war es, was sich im Leben der Gemeinde erfreulich wirksam erwiesen hat.

Diese Zusammenhänge sollen die Thessalonicher nun umfassender verstehen, denn dann können sie zuversichtlich auf dem eingeschlagenen Wege weitergehen. Wie der jetzt aussieht, bekommt nun Farbe, und das wieder von der Vergangenheit her.

2,1–16   Erinnert euch doch ...

1 Ihr wißt doch selbst, Brüder, von unserem Anfangswirken bei euch: Es war nicht kraftlos; 2 sondern obwohl wir vorher, wie ihr wißt, in Philippi gelitten hatten und mißhandelt worden waren, gewannen wir in unserem Gott den freien Mut, euch das Evangelium Gottes zu sagen unter viel Kampf.

3 Denn unser ermunternder Zuspruch [geschah und geschieht] **nicht aus Irrwahn, auch nicht aus Unlauterkeit oder Arglist,**

4 sondern wie wir von Gott für tauglich befunden worden sind, mit dem Evangelium betraut zu werden, so reden wir: nicht um Menschen zu gefallen, sondern Gott, der unsere Herzen prüft. 5 So traten wir niemals mit Schmeichelrede auf, wie ihr wißt, auch nicht [um uns unter irgendeinem] **Vorwand zu bereichern – Gott ist Zeuge –, 6 auch suchten wir keine Ehre von Menschen, weder von euch noch von anderen 7 – und könnten doch unsere Autorität geltend machen als Apostel Christi –; sondern wir traten liebreich unter euch auf, wie eine Mutter, die ihre Kinder hegt.**

8 In solch liebevoller Zuwendung wollten wir euch Anteil geben – nicht nur am Evangelium Gottes, sondern auch an uns selbst, weil ihr uns liebgeworden waret. 9 Erinnert euch doch, Brüder, an unsere Mühe und Anstrengung: Nacht und Tag haben wir gearbeitet, um niemanden unter euch zur Last zu fallen, und verkündigten euch das Evangelium Gottes. 10 Ihr seid Zeugen und Gott, daß wir fromm, gerecht und untadelig euch, den Glaubenden, begegnet sind; 11 wißt ihr doch, daß wir jeden einzelnen von euch – so wie [es] **ein Vater mit seinen Kindern** [tut] **–**

12 ermunterten und ermutigten und beschworen, daß ihr (dem) Gott angemessen wandelt, der euch in seine Herrschaft und Herrlichkeit ruft. 13 Und deswegen danken auch wir Gott unaufhörlich, daß ihr, als ihr das von uns verkündigte Wort Gottes annahmt, es nicht als Menschenwort annahmt, sondern – was es auch wirklich ist – als Gotteswort,

das sich nun auch wirksam erweist in euch, den Glaubenden:

14 Denn ihr seid, Brüder, «Nachahmer» geworden der Gottesgemeinden in Christus Jesus in Judäa. Denn auch ihr habt von euren eigenen Landsleuten dasselbe erlitten wie jene von den Juden, 15 die den Herrn Jesus getötet haben und die Propheten; und sie haben auch uns verfolgt. Sie gefallen Gott nicht; und sie sind [dadurch] **allen Menschen feindlich, 16 daß sie uns hindern, den Heiden ihre Rettung zu predigen. Dadurch machen sie unentwegt das Maß ihrer Sünden voll. So ist auf sie bereits der End-Zorn gekommen.**

Hatte Paulus bisher nur sehr allgemein formuliert, daß die Thessalonicher unter Mühe, Arbeit und in Geduld auf ihrem Christenwege geblieben sind (1,3), dann kommt **2,1–16** konkret in den Blick, vor welchem Hintergrund das geschah: Die Gemeinde ist durch ihre eigenen Landsleute verfolgt worden (V. 14). Das mußte für sie eine erhebliche Anfechtung mit sich bringen: «Lohnt» es sich, Christ zu bleiben, wenn solche Konsequenzen dabei herauskommen? In zwei Richtungen antwortet Paulus auf diese Frage. Einmal zeigt er den Thessalonichern (und darauf laufen seine Ausführungen hin), daß sie mit ihrem Geschick nicht allein stehen: Die Christengemeinden in Judäa haben dasselbe erfahren (V. 14). Der Gedanke wird sofort ins Grundsätzliche weitergeführt, wenn Paulus Jesus und die Propheten einbezieht (V. 15) und die Solidarität des Leidens mit einer (auf den ersten Blick allerdings überraschenden) theologischen Erläuterung über die Juden begründet (V. 16). Sodann aber macht der Apostel der Gemeinde deutlich, daß nicht nur er selbst aufgrund seiner Verfolgung durch die Juden in diese Solidarität hineingehört (V. 15), sondern vor allem, daß die Thessalonicher selbst von Anfang seines Wirkens an das doch gewußt haben: Er kam ja schon als einer bei ihnen an, der eben eine Verfolgung hinter sich hatte (V. 2). Da der Abschnitt also von Anfang an auf das V. 14–16 zu Sagende ausgerichtet ist, darf man ihn auf keinen Fall unterteilen, weil man sonst den durchgehenden Zusammenhang zerreißt.

Der Gedankenfortschritt innerhalb dieses Zusammenhangs ist oben bei der Übersetzung durch die Anordnung des Drucksatzes ungefähr angedeutet (wobei wir es gelegentlich mit Übergängen zu tun haben). V. 1 klingt das Leitmotiv für den ganzen Abschnitt an: die Befürchtung der Thessalonicher angesichts der erlittenen Verfolgung, daß das Evangelium des Paulus kraftlos ist. Darauf geht der Apostel ein mit einer **Apologie seines Evangeliums**. Sie besteht darin, daß er die Gemeinde an gemachte Erfahrungen erinnert und sie damit zugleich neu in diese Erfahrungen hineinführt, damit die Thessalonicher aus diesen erinnerten Erfahrungen leben (vgl. S. 22ff.).

Daß das Evangelium nicht kraftlos war, konnte man zunächst am *Apostel selbst* ablesen (V. 1f.), der trotz seiner (den der Thessalonicher entsprechenden) Erlebnisse freien Mut zur Verkündigung behielt. – Man konnte das sodann an seinem «unter viel Kampf» (V. 2b) geführten *Wirken* ablesen (V. 3–7), bei dem er sich klar unterschied von den Praktiken anderer Heilsverkündiger, die damals Konkurrenten des Paulus waren (und auch heute noch Konkurrenten seines Evangeliums in Thessalonich sind). – Man konnte das ferner an der *Art der Zuwendung* des Apostels zur Gemeinde erkennen (V. 8–11), die die Thessalonicher doch in Geborgenheit hineingeführt hatte. – Die Zusammenfassung (V. 12) leitet zu einem erneuten Dank über (V. 13): Weil die Thessalonicher das Wort des Paulus als Gottes Wort aufgenommen haben (und eben damit gezeigt haben, daß das Evangelium nicht kraftlos ist), hat es sich nun auch als wirksam erwiesen. – Wenn sich diese Wirksamkeit dann (auch) in Verfolgung zeigte (V.14–16), dann lag damit eine Konsequenz vor, die keineswegs überraschend sein konnte, wenn man sich an den Anfang (V. 2) erinnert: Die spätere Situation der *Gemeinde* lag *für Paulus* schon beim Entstehen der Gemeinde vor. Haben die Thessalonicher also schon in der Anfangszeit der Gemeinde erfahren, daß es sich «gelohnt» hat, sich auf das Evangelium eines von Schlägen gezeichneten Apostels einzulassen (V. 1–13), dann können und dürfen die seither gemachten eigenen Erfahrungen von Verfolgung die alten Erfahrungen von Heil nicht widerlegen, zumal dann nicht, wenn die Gemeinde darüber hinaus noch angeleitet wird, ihr äußeres Geschick richtig «einzuordnen» (V. 14–16).

V. 1f. leitet Paulus mit «ihr wißt» ein, einer Wendung, die so oder ähnlich den Abschnitt durchzieht (V. 2. 5. 9. 10. 11). Neues sagt der Apostel der Gemeinde also nicht, fragt aber mit diesen Hinweisen dennoch indirekt, ob sie sich das (in ihrer jetzigen Lage!) wirklich immer hinreichend klar macht. Paulus jedenfalls haben die Erlebnisse in Philippi nicht zur Resignation geführt. Sein «Eingang» (so die wörtliche Übersetzung), also: sein Wirken, war von Anfang an kraftvoll. Er begründet das damit, daß er eben nicht von äußerlich Vorfindlichem, sondern von Gott abhängig blieb. An ihm orientiert, hatte er «freien Mut». Ausgedrückt wird damit der Mut, den der Freie hat, unbeirrt seine Sache vorzubringen und öffentlich zu vertreten. So verkündigte Paulus das Evangelium Gottes, wenn auch «unter viel Kampf». Das griechische Wort an dieser Stelle läßt die Art des Kampfes nicht genau erkennen. Der Kontext zeigt jedoch, daß damit nicht eine Verfolgungssituation gemeint ist, sondern daß es sich um Widrigkeiten handelt, um scharfe Auseinandersetzungen, die zu überwinden waren. Vermutlich gab es die zunächst in der Synagoge (vgl. S. 20), dann aber vor allem inmitten mancherlei Konkurrenzmissionen am Ort[4]. Auf diesem Hintergrund muß man **V. 3–7** verstehen. Auffällig ist, daß in diesen Versen (aber auch schon V. 1f. und später V. 9. 13) Gegenüberstellungen in «nicht/ sondern»-Sätzen begegnen, die häufig zu Fehlinterpretationen geführt haben. Da Paulus hier seine Praxis gegenüber anderen und andersartigen Praktiken abgrenzt, hat man oft angenommen, daß sich der Apostel gegen Unterstellungen oder Verleumdungen verteidigt, und diesen Abschnitt als «Apologie des Paulus» bezeichnet. Dabei hat man aber hier Motive aus späteren Briefen, insbesondere aus der Korrespondenz mit Korinth, eingetragen. Dort muß Paulus sich wirklich gegen Angriffe auf seine Person verteidigen; dort zeigt das dann aber auch der Kontext unmißverständlich. Das ist hier jedoch nicht der Fall. Paulus legt vielmehr (auf die Vergangenheit bezogen) seinen «Kampf» (V. 2) aus, den er gegen die Praktiken anderer Heilsverkündiger damals führen mußte. Diese gibt es jedoch auch jetzt noch in Thessalonich, denn sie tauchen als Wanderprediger immer wieder und an vielen Orten auf. Durch sie kann die durch die Verfolgung entstandene *Anfechtung* der Gemeinde zu einer *Versuchung* werden: Sollten die Thessalonicher das Heil nicht bei diesen anderen Predigern suchen, die es offenbar «billiger» anbieten? So ist die Erinnerung an die Vergangenheit durchaus auf Gegenwart bezogen: Auch heute darf das verlockende Angebot anderer nicht zur Versuchung für die Gemeinde werden. Erlegen sind die Thessalonicher dieser Versuchung zwar bisher noch nicht (vgl. 1,2–8; 3,6); aber die Anwesenheit dieser Missionare stellt (bei Abwesenheit des Paulus) gerade in der thessalonichen Situation immer eine latente Bedrohung dar.

Gegen sie wendet Paulus sich nun mit großer Eindringlichkeit. Diese kommt zum Ausdruck in einer Häufung von Begriffen, die oft einen ähnlichen Sinn haben. Weil sie jedoch in erster Linie den Ausführungen Nachdruck verleihen wollen, sollte die Exegese nicht jeden einzelnen Begriff pressen. Es ist aber auch nicht möglich, aus dem Gegenbild, das Paulus von den Praktiken dieser Konkurrenten zeichnet, diese selbst religionsgeschichtlich präzise einzuordnen. Man muß einfach davon ausgehen: Alles das kam damals vor. Die aufgezählten Züge und Motive begegneten sowohl einzeln als auch in verschiedenen Kombinationen.

---

[4]   Die Angabe Apg. 17,5–8 dürfte ebenso zu den für den Verfasser der Apg. typischen erzählenden Ausschmückungen gehören, wie kurz vorher die Darstellung der Befreiung des Paulus und Silas aus dem Gefängnis in Philippi (16,23–29). Die anschließende Darstellung des Wirkens in Beröa (17,10–15) dürfte vermutlich ganz auf das Konto des Verfassers der Apg. gehen (vgl. S. 15f.).

Die Konkurrenten hatten keine Bedenken **(V. 3f.)**, ihre Zuhörer mit dem Ausfluß ihrer eigenen Gedanken zu umgaukeln (Irrwahn), sie mit unlauteren Motiven zu umwerben, sie dabei arglistig zu täuschen, nur um ihnen zu gefallen und sie so an sich selbst zu binden. Paulus lag nun gerade nicht daran, Menschen zu gefallen (und die Thessalonicher wissen ja inzwischen, daß es eine Zumutung bedeuten kann, sich auf das Evangelium des Paulus einzulassen). Diesen Freimut (V. 2) führt er auf seinen Grund zurück: Gott hat ihn für tauglich befunden und mit dem Evangelium betraut. Gott allein prüft das Herz des Apostels. Nur Gott verantwortlich, braucht er auf Erfolg bei Menschen keine Rücksicht zu nehmen. – Zunächst ist das einfach eine Behauptung des Apostels; und bevor er zeigt, wie die Thessalonicher dieser Behauptung gewiß werden können, führt er **(V. 5–7)** seine thetische Argumentation noch ein Stück weiter. Die Gemeinde weiß, daß er nicht mit Schmeichelrede gearbeitet hat. Er hat aber auch nicht (was bei manchen jener Heilsverkündiger vorkam) seine Tätigkeit als eine nur scheinbar den Thessalonichern zugute kommende ausgeübt, in Wahrheit aber den Hintergedanken gehabt, dafür etwas für sich zu erreichen, nämlich Bezahlung durch die Hörer. Ebensowenig ging es ihm um Ansehen. Weder legte er Wert darauf, in der Gemeinde selbst etwas zu gelten, noch darauf, daß Außenstehende statt auf die Gemeinde auf ihn sahen. – Dann aber folgt ein bezeichnender Gedanke, den Paulus in späteren Briefen stark reflektierend entfalten wird (vgl. etwa 2. Kor. 3,5; 4,5). Wenn die anderen Missionare auf Grund ihrer letztlich an sich selbst orientierten Verkündigung eben deswegen auch für sich selbst Ehre und Autorität beanspruchen, dann könnte Paulus das auf Grund seines an Gott orientierten Wirkens als *Apostel* Christi eigentlich erst recht. Als Apostel *Christi* stellt er doch wirklich etwas dar! Doch genau das kann und will Paulus nicht herausstellen. Er hat seine wahre Autorität gerade nicht in seiner Person, sondern in seinem Wirken. Seine *Autorität* besteht in seiner *Hingabe* an die Thessalonicher: Er trat liebreich unter ihnen auf; er war für sie eine Mutter, deren «Ruhm» ja auch nicht darin besteht, Mutter zu «sein», sondern ihre Kinder zu hegen. – Anzumerken ist hier, daß dieses Selbstverständnis des Paulus seinen Grund in seiner Christologie hat. Er kann darauf verzichten, in diesem Zusammenhang ausdrücklich darauf hinzuweisen. Für ihn ist klar: Wer den «Nachahmer» sieht, sieht das «Vorbild» (vgl. S. 38f.). Sieht er am Apostel Christi die Autorität in der Hingabe, dann sieht er den, der an Christi Statt handelt; Christus aber ist gerade *als der sich Hingebende* der Kyrios. – Man kann das Ganze auf eine kurze Formel bringen: Es kommt nicht auf den Apostel *Paulus* an, wohl aber auf den *Apostel* Paulus, damit aber auf den, der in seinem Leben (als Paulus) apostolische Christus-Autorität gestaltet und so verwirklicht. Die Würde des Amtes liegt also nicht in der Person, sondern in der Funktion, die diese Person ausübt: Hingabe.

So führt Paulus dann auch **V. 8–11** mit seinem Leben, das er den Thessalonichern vorgelebt hat und das sie von ihm empfangen haben, den «Beweis» für die Richtigkeit seiner V. 3–7 lediglich thetisch aufgestellten Behauptungen. Die Erfahrungen, die die Gemeinde mit Paulus gemacht hat, bürgen dafür (und *nur* sie können dafür bürgen), daß das Evangelium des Apostels (nicht aber die Heilsverkündigung anderer Missionare) von Gott stammt. Darum setzt er diese Erfahrungen erinnernd gegenwärtig. Dahinter muß man wohl die Frage hören, ob die Konkurrenten am Ort, die den Thessalonichern in ihrer Anfechtung zur Versuchung werden können, der Gemeinde je das «bieten» werden, was Paulus ihr geboten hat.

Ihm ging es **(V. 8)** darum, daß die Thessalonicher an ihm selbst (wörtlich: an seinem «Leben») Anteil bekamen. Sein Wirken versteht der Apostel also als ein Sich-selbst-Austeilen. Was das präzise heißt, verdeutlicht er wieder an einer Gegenüberstellung, in der davon abgehoben wird, was das nicht heißt: Es kam eben nicht nur das Evangelium Gottes (hier verstanden als mündliche Verkündigung) zur Gemeinde, sondern Paulus selbst mit seinem Wirken für sie. Offenbar bestand damals (wie heute immer noch) die Gefahr, zwischen Verkündigung und Wirken zu unterscheiden. Daher bemüht sich Paulus immer wieder darum, zu verdeutlichen, daß diese Unterscheidung eigentlich unmöglich ist. Zwar besteht in der «Kirche des Wortes» ein Konsensus darüber, daß Verkündigung Proklamation und damit immer zugleich ein Gegenwärtig-Setzen des Inhalts der Verkündigung ist. Aber eine solche «Lehre vom Wort» bleibt dennoch eine Verkürzung. Man soll nach Paulus den Zusammenhang vielmehr so sehen, daß der Verkündiger mit dem verkündigten Wort das interpretiert, was an seinem Leben *ohnehin sichtbar* ist. Weil nun dieses Sichtbare wirksam ist, hat das begleitende Wort Anteil an dieser Wirksamkeit und auf *diese* Weise wird es wirkendes Wort (vgl. 1,8). Das aber ist identisch mit dem Leben des Paulus, das er den Thessalonichern zugeeignet hat, weil er sie liebte. – **V. 9.** Nun sollen sie sich daran erinnern, wie das konkret wurde: in einer Hingabe, die sich Tag und Nacht abmühte und den Empfängern keinerlei Last auferlegte. Dieses konsequente und radikale Sich-selbst-Verschenken des Paulus war es, was die Thessalonicher empfangen haben und was sie beim Empfangen selbst veränderte. So kann der Apostel **(V. 10)** die Thessalonicher und Gott zu Zeugen dafür aufrufen, daß er den Glaubenden gegenüber in jeder Hinsicht lauter gewesen ist, und zwar **(V. 11a)** jedem einzelnen gegenüber.

V. 11b leitet dann mit dem Bilde des für seine Kinder sorgenden Vaters über zu der Zusammenfassung **V. 12**. Mit drei einander ähnlichen Begriffen charakterisiert Paulus seine Tätigkeit. Dabei kommt neben dem Aspekt, daß es sich dabei um Hilfe handelt (er «ermunterte» und «ermutigte»), auch das Moment des nachdrücklichen Ernstes (er «beschwor») zum Ausdruck, denn die Thessalonicher sollen nicht nur «Konsumenten» des Evangeliums sein, sondern dieses ist darauf aus, bei ihnen wirklich anzukommen. Das Ankommen aber wird im Wandel konkret. In diesem Zusammenhang begegnen einige Vorstellungen, die man kennen muß, um das Gesagte zu verstehen. Das griechische Wort, das in Übersetzungen oft mit «würdig» wiedergegeben wird, meint präzise: den Waagebalken ins Gleichgewicht bringen. Der Wandel der Thessalonicher soll also Gott «entsprechen», soll ihm «angemessen» sein. Das ist aber nicht einfach eine formale Aussage, sondern sie hat eine sehr konkrete inhaltliche Füllung: Der Wandel soll *dem* Gott entsprechen, *der* die Thessalonicher in seine Herrschaft und Herrlichkeit ruft. Herrschaft (genauer: Königsherrschaft) und Herrlichkeit sind «eschatologische» Begriffe. Sie sind Umschreibungen für den Zustand in der Vollendung, der erwartet wird nach dem Ende der Zeit dieser Welt (nach diesem gegenwärtigen «Äon»). Dorthin ruft Gott die Christen; und zwar tut er das immer wieder. (Ganz bewußt redet Paulus hier im Präsens!) Lassen die Christen sich nun rufen (das heißt: kommt der Ruf wirklich bei ihnen an), dann entspricht ihr Wandel *jetzt* schon dem, was *eigentlich* erst von Gottes *Zukunft* erwartet wird. Genau dasselbe drückt Paulus 5,5–8 so aus, daß die Thessalonicher jetzt schon Söhne des (kommenden) Lichtes und Söhne des (kommenden) Tages sind und darum jetzt schon wie am (kommenden) Tag leben können und sollen. – Das ist gemeint, wenn in theologischer Fachsprache von einem *eschatologischen Existieren* die Rede ist. Damit wird auf eine Formel gebracht, was Paulus mit ganz verschiedenen Begriffen und Vorstellungen ausdrücken kann; und man muß hier sehen, daß diese Begriffe und Vorstellungen für Paulus im Grunde austauschbar sind.

Nichts anderes hatte er ja schon 1,6 gesagt, wenn auch wiederum mit einem anderen Begriff. Denn wenn Christen die kommende Herrschaft und Herrlichkeit (V. 12), wenn sie den kommenden Tag (5,5–8) jetzt leben und wenn dieser Tag die Parusie des Kyrios bringt (5,2), dann sind Christen in ihrem «tag-gemäßen» Wandel eben «Nachahmer» des Herrn. Zu diesem Wandel ruft Gott sie (V. 12). Die für sich genommen unterschiedlichen eschatologischen und christologischen Aussagen stimmen also darin überein, daß sie stets auf den Wandel bezogen sind. Da sie aber auf den *gleichen* Wandel bezogen sind, haben sie trotz unterschiedlicher Inhalte der benutzten Vorstellungen dennoch dieselbe Funktion.

Da das Wirken des Paulus die Thessalonicher dorthin geführt hat, daß Gott sie (immer noch) ruft und sie sich auf diesen Ruf (immer neu) einlassen, ist das für den Apostel ein Grund zum Danken. **V. 13.** Da diese Danksagung formal den Danksagungen bei Briefanfängen entspricht (vgl. 1,2ff.), ist in jüngster Zeit mehrfach vermutet worden, daß an dieser Stelle ein Redaktor einen (mit V. 13 beginnenden) ursprünglich selbständigen Paulus-Brief in einen anderen Brief eingeschoben hat, der 1.Thess. also eine Komposition aus zwei Briefen darstellt (vgl. S. 26f.). Eine Unterstützung könnte diese These u. a. dadurch finden, daß die ersten Worte dieses Verses, die wie eine redaktionelle Klammer wirken, ohnehin einige Verstehensschwierigkeiten bereiten. Übersetzer versuchen oft, diese durch die Umstellung von zwei Worten zu verschleiern. Der Vers beginnt jedoch: Und darum danken *auch wir* ... Dieses «auch wir» ist im Griechischen ausdrücklich betont. Man muß daher die Frage stellen: Wer sonst noch? Übersetzt man dagegen (nicht etwa nur ungenau, sondern falsch): Darum danken wir auch ..., entgeht man dieser Frage. Sind diese Verstehensschwierigkeiten dann nicht gerade dadurch entstanden, daß der Redaktor hier eine etwas ungeschickte Überleitung geschaffen hat?

Nun spricht jedoch gegen eine Teilungshypothese zunächst, daß das Motiv «Verfolgung» den ganzen Abschnitt 2,1–16 durchzieht. Wegen der V. 14 angesprochenen Situation wurde es V. 2 formuliert; und was hier nur anklingt, wird erst mit V. 15f. wirklich zu Ende gebracht. Zwischen V. 12 und V. 13 liegt also keine Zäsur. Sodann spricht gegen eine literarkritische Teilung, daß im V. 13 das V. 3–12 Gesagte zusammengefaßt wird. Angesichts der durch die Verfolgung verursachten Anfechtung der Gemeinde und angesichts ihrer Versuchung durch das Werben anderer Heilsverkündiger bestand mindestens die Gefahr, daß die Thessalonicher das von Paulus verkündigte Wort Gottes nun eben doch als bloßes Menschenwort, nicht aber als Gotteswort ansehen konnten. V. 13 sagt jetzt, daß gerade das nicht eingetreten ist. Dafür dankt Paulus. So schließt sich das «deswegen» am Anfang von V. 13 konsequent an das Vorhergehende an. Wer hier eine Zäsur legen will, erkennt offenbar diesen Zusammenhang nicht.

Paulus dankt also, weil er nach dem V. 3–12 Gesagten Grund zum Danken hat. Aber er dankt nicht allein. Man versteht dieses «auch wir danken» freilich erst dann, wenn man sich nicht allein am *näheren* Kontext orientiert, sondern bei der Exegese zugleich die *Situation* im Auge behält, in der der Apostel schreibt und die er ja auch bereits angedeutet hat: Der gute Christenstand der Thessalonicher ist als «Wort des Herrn» (1,8) nach Korinth gedrungen. Die, die es so (als «Wort des Herrn») vernommen haben, richten dieses dem Paulus aus (1,8b–9a). Sie *alle* danken; und ebenfalls die aus Makedonien eingetroffenen Boten (vgl. S. 14.16). Wenn sich der Apostel dann aber durch das betonte «auch wir» in diesen Kreis hineinstellt, dann bereitet er damit zugleich das Motiv «Solidarität» vor, das die folgenden Ausführungen bestimmt.

Daß sich das Gotteswort in den Glaubenden wirksam erwiesen hat (V. 13b), hatte
nun auch zur Folge, daß die Thessalonicher eine Nachstellung durch ihre Landsleute
(V.14) erleiden mußten. (Über den möglichen Anlaß vgl. S. 25.61). Damit ist ihnen
aber nichts Überraschendes widerfahren, sondern etwas, auf das sie eigentlich vorbereitet sein mußten (V. 2). Daß es sich dabei um nichts Ungewöhnliches, sondern
eigentlich sogar um etwas «Normales» handelt, sollen sie auch daran erkennen, daß
sie ihr Geschick mit dem der Gottesgemeinden in Christus Jesus in Judäa teilen. Da
es diesen bereits früher widerfahren ist, kann Paulus die Thessalonicher nun «Nachahmer» dieser Gemeinden nennen. Als die Verfolgung über sie kam, haben sie das
zwar noch nicht gewußt. Dennoch kann der Apostel hier denselben Begriff wie 1,6
(und auch in demselben Sinne; vgl. S. 38) benutzen, weil das Durchhalten der Gemeinden in Judäa jetzt als «Wort des Herrn» (1,8) an die Thessalonicher ergeht. So
können sie nun nachträglich verstehen, was bei der erlittenen Verfolgung in Wahrheit an ihnen geschehen ist: nicht ein sehr ärgerliches äußeres Mißgeschick, sondern
etwas, was mit dem Christsein zusammenhängt und (manchmal) unvermeidbar ist.
Das Einlassen auf diesen Herrn ist ohne dieses Risiko nicht möglich. Das erläutert
Paulus dann näher.
Zunächst einmal stellt er heraus, daß es jeweils die *«eigenen* Landsleute» waren, die
die Verfolgung in Gang setzten. Das wird sicher nicht nur zufällig erwähnt, weil es
historisch nun einmal so war. Zumindest klingt hier an, daß Christen, die in je ihrer
Umgebung (mit V. 12 formuliert) «angemessen» der (Königs-) Herrschaft Gottes
wandeln, diesen Wandel inmitten von Menschen führen, die sich selbst in ihrem
Wandel nach dem alten Äon ausrichten. Dann kann es gar nicht ausbleiben, daß es
gerade an dem Ort, an dem die Christen ihr neues Leben führen, zu Spannungen
kommt.
Wie solche Spannungen aussehen, entfaltet Paulus am Beispiel der judäischen Christengemeinden, die ihren an der Herrschaft Gottes ausgerichteten Wandel inmitten
einer jüdischen Umgebung führen **(V. 15–16)**. Das Verstehen dieser Verse hat man
sich sehr oft dadurch verbaut, daß man sie aus dem Kontext herauslöste, hier eine
Aussage des Paulus über «die Juden» finden wollte und dann fast gar nicht darum
herumkommen konnte, von einer **«Judenpolemik»** zu reden. Isoliert man die Aussagen und betrachtet sie einzeln, ist das auch naheliegend: Dann waren es «die Juden», die Jesus und die Propheten getötet und Paulus verfolgt haben; dann sind «die
Juden» allen Menschen feind; und über «die Juden» ist dann bereits der Zorn Gottes gekommen (was jetzt ja nur heißen kann, daß sie in Ewigkeit verloren sind). Kein
Wunder, daß man solche Aussagen im Munde des Paulus für unerträglich hielt. Man
konnte doch sofort auf Röm. 9–11 verweisen, wo der Apostel nicht nur sehr viel positiver über seine «Brüder, seine Verwandten dem Fleische nach» (Röm. 9,3),
spricht, sondern wo er auch durchaus auf deren Endheil ausblickt (Röm. 11). Einige
vorschnell urteilende Exegeten haben dann gelegentlich behauptet, daß die
V. 15–16 gar nicht aus der Feder des Paulus stammen, sondern erst von einem
späteren Abschreiber hier eingefügt worden sind. Wer zu einer solchen Radikalkur
durch Streichung nicht bereit war, bemühte sich dann aber, die an dieser Stelle vorliegende «Einseitigkeit» des Apostels zu entschuldigen. Man unterstellte, daß er gerade besonders erregt gewesen sei, oder man wies darauf hin, daß Paulus Vorstellungen aufnimmt bzw. Wendungen zitiert, die damals bekannt und im Umlauf waren. Sollte er das aber wirklich so gedankenlos getan haben?
Im allgemeinen hat man sich in diese Verlegenheit dadurch hineinmanöveriert, daß
man die Auslegung von vornherein mit zwei Voraussetzungen belastete. Die eine

war dogmatisch: Man wollte etwas über die Stellung des Paulus zu den Juden erfahren, weil man meinte, daß das dann eine auch für heutige Christen verbindliche Aussage sei. Die andere war ein exegetisches Mißverständnis: Man meinte, daß Paulus sich thematisch zur Stellung der Christen zu den Juden äußere. Beide Voraussetzungen sind falsch. Weder sagt Paulus etwas darüber, wie die heutige Christenheit ihre Stellung zu den Juden bestimmen soll, noch sagt er überhaupt etwas (thematisch) über «die Juden» [5]. – Paulus spricht in diesen Versen vielmehr von *den* Juden, *die* die judäischen Gemeinden (und ihn) verfolgt haben. Er spricht von diesen Juden aber nicht isoliert um ihrer selbst willen, so daß eine Aussage über *sie* herauskäme, sondern er spricht von ihnen, weil er den Thessalonichern verdeutlichen will, was in Wahrheit geschieht, wenn «eigene Landsleute» sich gegen Christen wenden. Am Verhalten dieser Juden gegenüber den Gemeinden in Judäa (und gegen ihn selbst) will er *den Thessalonichern* zeigen, wie *sie* die Verfolgung durch *ihre* Landsleute theologisch «einordnen» können und also verstehen sollen. Wenn die Exegese diese Absicht des Paulus nicht im Blick behält (die ja in ihrer Tendenz der Absicht des ganzen Abschnittes entspricht), muß sie auf Abwege geraten.

Am Beispiel der Juden kann Paulus sein Anliegen deswegen illustrieren, weil es unter ihnen auch früher schon solche gegeben hat, die sich gegen Gott gewandt haben, indem sie die von Gott Gesandten töteten: zuletzt Jesus, aber vorher schon (die) Propheten. (Am griechischen Text ist nicht ganz klar zu erkennen, welches Verbum auf die Propheten zu beziehen ist: töten oder verfolgen. Für die Gesamtaussage bedeutet das aber keinen sachlichen Unterschied.) Paulus selbst haben sie verfolgt. Daß die Juden, die das getan haben (und ebenso, wenn sie es jetzt noch tun), Gott nicht gefallen, ist ein Urteil des Apostels, das sich zwanglos anschließt. Aber auch der oft als schwierig empfundene nächste Satz fügt sich konsequent in den Gedankengang ein: Die Juden sind allen Menschen feind. Wahrscheinlich zitiert Paulus hier eine Parole, die aus dem zeitgenössischen Antisemitismus stammt und dort wirklich «die Juden» meint. (Immer wieder hat solch Antisemitismus in der Antike zu Judenverfolgungen geführt, die dann mit dieser Parole gerechtfertigt wurden.) Paulus benutzt diese Parole nun aber gerade nicht antisemitisch, wie der Kontext deutlich zeigt. Nicht «die Juden» diffamiert er, sondern er sagt: Die Juden, *die* sich gegen Gottes Boten gewandt haben und wenden, die darum Gott nicht gefallen, können das ja schon deswegen nicht, weil sie sich eben damit zugleich gegen die Menschen wenden, denen Gott durch seine Boten begegnen will. Wer das tut, muß doch wegen seines Tuns und bei seinem Tun als Feind der Menschen bezeichnet werden. Worin die Menschenfeindlichkeit besteht, erläutert Paulus an dem, was er selbst erlebt hat: Hinderung der Verkündigung an die Heiden. Wer diese Verkündigung hindert, stellt sich dem Heil in den Weg, das durch diese Verkündigung zu den Heiden kommen will.

Um V. 16b zu verstehen, muß man die benutzten Vorstellungen kennen. Sie stammen aus der sogenannten Apokalyptik. Der böse Äon (die alte Welt) läuft dem Ende entgegen. Den Zeitpunkt dieses Endes bestimmt Gott. Er hängt aber (zumindest auch) davon ab, wann ein Maß vollgeworden ist. Die Vorstellung ist also die, daß die Sünden sich in einem Meßbecher sammeln. Ist das «Maß der Sünden» voll, dann wird Gott das Ende bringen. Hier begegnet also (wenn auch indirekt) das für den

---

[5] Das ist übrigens auch Röm. 9–11 nicht der Fall. Ich kann das hier allerdings nicht ausführlich begründen, gebe nur zu bedenken, daß Paulus dort vor allem über «Israel» redet. In dem Zusammenhang kann er dann formulieren: «Nicht alle, die von Israel herstammen, sind Israeliten» (Röm. 9,6).

1. Thess. wichtige Problem der Naherwartung der Parusie. Wann das Maß voll ist, weiß kein Mensch (vgl. 5,2). Die Juden, die Paulus an seinem Bringen von Heil hindern, tragen (wenn auch ungewollt) dazu bei, daß «der Tag des Herrn» bald einbricht. – Auch der Begriff «Zorn» stammt aus diesem Vorstellungsbereich. Die Zeit, die dem Ende unmittelbar vorausgeht, ist die Zeit des Widersachers Gottes, des Teufels, der Not und Schrecken verbreitet. Es ist also eine «gottlose Zeit», darum Zeit des Zornes. Dieser Endzorn wirft nun aber (mit den «Sünden» der Juden) seine Schatten voraus: Das Ankommen von Heil wird verhindert. So greifen beide Bilder aus der apokalyptischen Vorstellungswelt ineinander: Gegenwärtiges Geschehen wird vom Ende her qualifiziert.

Man kann sich das, was Paulus hier sagen will, an einer Gegenüberstellung verdeutlichen. V. 12 hatte er den Wandel der Christen so beschrieben, daß in ihm die (kommende!) Herrschaft und Herrlichkeit Gottes *jetzt* schon Gestalt gewinnt. V. 16b stellt er dagegen: Im Wandel der die Christen verfolgenden Juden gewinnt *jetzt* schon der End-Zorn Gestalt.

Stellen wir nun den Zusammenhang wieder her. Paulus will erläutern, was geschieht, wenn Christen von ihren Landsleuten verfolgt werden. Es geht ihm also nicht um «die Juden», sondern er expliziert an *den* Juden, *die* die judäischen Gemeinden verfolgt haben, daß *diese* Verfolgung ein Teil des Endgeschehens ist, in dessen Dienst sie sich gestellt haben. Geht es also keineswegs um «die Juden», dann geht es genau genommen nicht einmal um die Juden, die sich durch Töten und Verfolgen dem Heil in den Weg gestellt haben, sondern es geht zuerst um dieses Tun selbst. Erst vom Tun aus gelangt Paulus zu einer Aussage über die Täter. Diese Aussage über die Täter ist daher auch nur dann und nur so lange richtig, wie die Täter sich diesem Tun hingeben. In seine Argumentation nimmt Paulus dann zwar vorgegebene Parolen und Vorstellungen auf, weil sie geeignet sind, diese Zusammenhänge deutlich zu machen. Nur darf sich das exegetische Interesse nicht auf diese Parolen und Vorstellungen als solche fixieren, sondern es hat darauf zu achten, im Dienst welcher Aussage sie stehen. Dann aber läßt sich die Aussage auf die Situation in Thessalonich übertragen.

Paulus stellt hier ja eben auch keine Reflexionen über die Verfolger der Thessalonicher an. Er geht vielmehr von einem *Geschick* aus, und zwar von einem Geschick, das der Gemeinde widerfahren ist und das sie zumindest ratlos macht. Als Hilfe bringt Paulus zunächst das Moment der Solidarität ein («Nachahmer»-Motiv). Sodann erläutert er dieses Geschick der Gemeinde in Thessalonich am Geschick der Gemeinden in Judäa. Die Thessalonicher sollen also wissen: Was ihnen widerfahren ist, gehört zum Endgeschehen dazu. Darin liegt dann sogar ein positiver Sinn. Auch von den Landsleuten der Thessalonicher gilt nun, daß sie «Gott nicht gefallen» und «allen Menschen feind» sind. Dieses Wissen kann der Gemeinde helfen, mit der erlittenen (und vielleicht noch zu erleidenden) Verfolgung zu leben.

Es dürfte aber zugleich einleuchten, daß der Apostel damit die Thessalonicher nicht gegen ihre Landsleute aufbringen will (vgl. nur 4,9–12); wohl aber kann das Gesagte anleiten, auch diese Verfolger bei ihrem Tun zu «verstehen», wenngleich das hier nicht explizit entfaltet wird. Erkennen könnten sie: Wo Christen in dieser vergehenden Welt eschatologisch wandeln (V. 12) und wegen ihres eschatologischen Wandelns angegriffen werden (V. 14), da tun die, die sie angreifen, das Werk des Widersachers. Wenn Christen das erkennen, können sie trotz der erlittenen Unbill ihrer Sache gewiß bleiben. Das wird sie aber niemals dazu führen, gegen die *Menschen* zu kämpfen, die das Werk des Widersachers tun. Der Kampf kann nur dem Widersacher selbst gelten. Gegen den können sie indes nur so kämpfen, daß sie selbst umso konsequenter eschatologisch wandeln – mit dem Risiko, das dieser Wandel immer mit sich bringt.

Man könnte hier die Frage stellen, ob die Thessalonicher das alles verstanden haben. Auf diese Frage gibt es aber schlechterdings keine Antwort. Wir wissen einfach nicht, ob sie z. B. die benutzten apokalyptischen Vorstellungen kannten; und selbst wenn sie sie kannten, wissen wir nicht, ob sie verstanden haben, wie Paulus sie hier benutzt. Darüber hinaus ist jeder Brief Mißverständnissen ausgesetzt (vgl. etwa 1. Kor. 5,9–13). Darum kann es niemals die Aufgabe der Exegese sein, sich in die Situation der Briefempfänger zu versetzen. Der Exeget muß vielmehr «mit dem Schreiber denken». Daß dieser sich um Verständlichkeit bemüht hat, darf man voraussetzen. Ob ihm das immer gelungen ist, ist eine andere Frage.

Paulus will der Gemeinde in diesem Abschnitt jedenfalls Vergangenheit gegenwärtig setzen, und zwar eine Vergangenheit, in der er selbst sich in der Gemeinde aufhielt, und eine Vergangenheit, die sich später zugetragen hat. Versteht die Gemeinde diese Vergangenheit umfassender (wozu Paulus Hilfen gibt), dann kann sie das getroster machen auf dem Wege, auf dem sie unterwegs ist.

2,17–3,13   Der Apostel und seine Gemeinde

17 Wir aber, Brüder, eine kurze Zeit von euch verwaist – [allerdings nur] **von Angesicht** [zu Angesicht], **nicht im Herzen – haben uns sehr bemüht, euer Angesicht zu sehen,** [und zwar] **mit großem Verlangen. 18 Deshalb wollten wir zu euch kommen, ich, Paulus, ein, zweimal; doch der Satan hinderte uns** [daran]. **19 Wer nämlich** [ist] **unsere Hoffnung, (unsere) Freude, (unser) Ruhmeskranz –** [seid es] **nicht** [gerade] **auch ihr – vor unserem Herrn Jesus Christus bei seiner Parusie? 20 Ihr nämlich seid unsere Ehre und Freude. 3,1 Darum, als wir es nicht mehr ertragen konnten, beschlossen wir, allein in Athen zu bleiben, 2 und sandten Timotheus, unseren Bruder und Mitarbeiter Gottes am Evangelium Christi, um euch zu stärken und zu ermuntern in eurem Glauben, 3 damit niemand in diesen Bedrängnissen wankend werde. Denn ihr wißt ja selbst: Dazu sind wir bestimmt. 4 Als wir bei euch waren, sagten wir euch im voraus, daß wir Drangsal erleiden würden, wie** [es] **dann auch geschehen ist und ihr wißt. 5 Darum sandte auch ich** [zu euch hin], **als ich es nicht mehr aushielt, um zu erfahren, wie es mit eurem Glauben steht, ob euch nicht** [etwa] **der Versucher versucht habe und** [damit all] **unsere Mühe in nichts vergangen wäre. 6 Soeben ist nun Timotheus zu uns von euch gekommen und hat uns euren Glauben verkündigt und eure Liebe** [zu uns]: **Ihr habt uns allezeit in einem guten Gedächtnis und sehnt euch, uns zu sehen, wie auch wir** [uns sehnen] **euch** [zu sehen]. **7 Dadurch sind wir ermuntert worden, Brüder, über euch bei all unserer Not und Bedrängnis,** [und zwar] **durch euren Glauben, 8 denn nun leben wir** [wieder], **wenn ihr fest steht im Herrn. 9 Wie können wir Gott um euretwillen** [genug] **danken für all die Freude, mit der wir uns um euretwillen vor unserem Gott freuen, 10 die wir Nacht und Tag bitten, euer Angesicht zu sehen und zurechtzubringen die Mängel eures Glaubens? 11 Er aber, unser Gott und Vater und unser Herr Jesus, bahne unseren Weg zu euch. 12 Euch aber lasse der Herr wachsen und immer reicher werden an Liebe zueinander und zu allen, so wie auch wir** [sie] **zu euch** [haben], **13 damit eure Herzen**

gestärkt werden, [daß sie] **untadelig** [seien] **in Heiligkeit vor unserem Vater bei der Parusie unseres Herrn Jesus mit allen seinen Heiligen.**

Schon mit den ersten Worten (einem betonten «wir aber») markiert Paulus einen Wechsel in der Blickrichtung seiner Ausführungen. Wir versuchen, den zu erfassen, indem wir zunächst den Gedankenfaden durch den Abschnitt hindurch verfolgen. Die äußeren Fakten sind im Grunde recht nüchtern. Paulus hat sich um die Thessalonicher Gedanken gemacht. Da er selbst nicht zur Gemeinde kommen konnte, hat er Timotheus zu ihr geschickt. Dieser ist inzwischen mit guten Nachrichten zu ihm zurückgekehrt. Das löst im Apostel überschwengliche Freude und Dank aus.

Daß es Paulus aber keineswegs um ein Referat dieser Zwischenereignisse geht (das wäre überflüssig, da der Gemeinde die Fakten bekannt sind), wird in der Art der Darstellung deutlich. Das «Ergebnis» bestimmt von Anfang an den Ton der Ausführungen. Entsprechendes haben wir freilich auch schon vorher im Brief beobachten können: Die gute Nachricht des Timotheus bestimmte die Danksagung (1,2–10). Das Durchhalten der Gemeinde trotz der Verfolgung bestimmte die erinnernde Vergegenwärtigung des apostolischen Wirkens in Thessalonich (2,1–13). Deutlich wird in unserem Abschnitt nun aber der neue Akzent: Nicht nur die Gemeinde braucht den helfenden und weiterhelfenden Apostel, der ihr gutes Durchhalten (von dem er inzwischen erfahren hat) zu einer ermunternden Anrede an sie selbst gestaltet, sondern auch der Apostel braucht die Gemeinde. Es klang schon an, daß Paulus durch ihr Wirken von ihr Hilfe erfahren hat (vgl. 1,8b–9a); jetzt aber wird das ausdrücklich zum Thema. Die Gemeinde ist eben nicht einfach und nur «Objekt» der apostolischen Mission, sondern Paulus stellt ihr vor Augen, wie sie selbst ihm geholfen hat. Indem er ihr das nun aber schreibt, bietet er ihr damit neu Hilfe an. Hier herrscht wirklich Gegenseitigkeit. Es ist darum verfehlt, diesen Zug als einen Ausdruck taktvoller Bescheidenheit zu verstehen, wie gelegentlich gesagt worden ist. Die Gegenseitigkeit ist auch in der Richtung Gemeinde-Apostel ernst gemeint.

Den sachlichen Zusammenhang entfaltet Paulus in vier Schritten. Zunächst charakterisiert er seine Trennung von der Gemeinde als etwas, wodurch er selbst verwaist worden ist (2,17–20). Gewicht bekommt diese Feststellung vor dem Hintergrund der erwarteten Parusie. Bei der Ankunft des Herrn gehören Apostel und Gemeinde (und vollends nun gerade diese!) zusammen. Da aber der kommende Tag in die Gegenwart hereinragt (vgl. 2,12), sollte die Zusammengehörigkeit auch äußerlich Gestalt gewinnen. Die Verhinderung dieser Gestaltwerdung kann nur als Werk des Teufels bezeichnet werden (vgl. 2,16). – Paulus bleibt in dieser Situation nichts übrig, als den Mitarbeiter zu schicken (3,1–5). Dieser soll zwar in Thessalonich das tun, was Paulus selbst tun sollte und bei seiner Anwesenheit auch tun würde. Dennoch schickt der Apostel den Boten nicht eigentlich um der Gemeinde willen (wenn das selbstverständlich auch der Fall ist). Die Darstellung des Auftrags des Timotheus ist jedoch eingerahmt von dem die Sendung auslösenden Motiv: Paulus konnte die Verwaisung von der Gemeinde nicht mehr ertragen (V. 1.5). Er will also den Thessalonichern gegenüber betonen, daß er selbst es war, der Hilfe brauchte. – Er kann das aber in diesem Brief so darstellen, weil er das Ergebnis vor Augen hat (V. 6–8) und mit diesem Ergebnis schon die Sendung motiviert. So steht dann auch nicht die gute Nachricht des Boten nach dessen Rückkehr im Mittelpunkt, sondern die Wirkung dieser Nachricht auf Paulus selbst: Er ist wieder zum Leben gekommen. Das hat die Gemeinde an ihm getan. – Dadurch wird er nun aber noch viel

stärker nach Thessalonich gedrängt (V. 9–13). Dank und Freude bekommen Gestalt
in dem Wunsch, der Gemeinde weiterzuhelfen (V. 10). In ihrer Mitte könnte er das
ganz unmittelbar. Abwesend tut er es durch sein Gebet, dessen Inhalt er den Thessalonichern zuspricht (V. 11–13), um dann (von 4,1 an) schriftlich zu formulieren,
was er bei seiner Anwesenheit mündlich ausgerichtet hätte.

Dieser Gedankenfaden bekommt nun Farbe durch eine Reihe von Anspielungen,
erläuternden Hinweisen, aber auch durch Stilmittel und Tonfall.

Sofort überraschen muß (und soll) die Leser die Bemerkung, daß Paulus *sich selbst*
als verwaist bezeichnet **(V. 17)**. Näher lag ihnen doch, daß gerade sie sich als verwaist vorkommen (vgl. 2,7. 11). Die Gemeinde soll jedoch wissen, daß sie dem Apostel fehlt und daß er unter der Trennung von ihr leidet. Dadurch, daß Paulus gerade
dieses akzentuiert, bereitet er vor, daß die Gemeinde den Umfang ihrer Hilfe für ihn
richtig erkennt. Die beiden Einschränkungen, die er hinzufügt, machen die faktische
Trennung nicht weniger schmerzhaft. Einmal sagt er, daß die Trennung nur eine
zeitweilige ist und er irgendwann (wann?) mit ihrer Aufhebung rechnet. Sodann betont er, daß räumliche Trennung keine Trennung «im Herzen» ist. Da indes eine
«Gemeinschaft im Geist» auf Verleiblichung drängt, hat Paulus sich eben darum bemüht. Mit Nachdruck hebt er hervor, daß das durchaus intensiv geschah, und mit
V. 18 konkretisiert er das: Mehrfach hat er nach Thessalonich kommen wollen.

Dabei fällt Paulus erstmalig in die **1. Person singularis**. Daraus sollte man (angesichts der bisher stets benutzten 1. Person pluralis) kein zu großes Problem machen.
Das Wir hebt nicht auf, daß es Paulus allein ist, der im Briefe redet (und die 1. Person singularis hier und 3,5 bestätigt das im Grunde nur). In dem sonst vorherrschen-
den Wir kommt jedoch (zumindest auch) zum Ausdruck, daß der Apostel sich als einer versteht, der durch diesen Brief mit seinen Mitarbeitern zusammen sein früher
in Thessalonich begonnenes Wirken fortsetzt (vgl. S. 33). Kommt nun die Reise nur
eines von ihnen in den Blick, muß er zwangsläufig differenzieren.

Paulus dürfte also die Absicht gehabt haben, allein nach Thessalonich zurückzukehren. Warum nur er, läßt sich höchstens vermuten. Hinweise lassen sich vielleicht der
oben vorgetragenen Hypothese von der ursprünglich geplanten, durch das Claudius-
Edikt aber verhinderten Romreise entnehmen (vgl. S. 15f.). Die politische Situation
zwang zur Änderung des Reisezieles. Das brachte Verzögerungen mit sich; und das
Geld ging aus: Die kleine Gruppe der Missionare dürfte sich in ziemlicher Ratlosig-
keit befunden haben. Was konnte Paulus in Thessalonich erwarten? Konnte es sich
für ihn nicht empfehlen, sich zunächst einmal an Orten aufzuhalten, wo er noch un-
bekannt war? So mögen für Paulus damals manche Erwägungen und durchaus ratio-
nale Gründe vorgelegen haben, nicht selbst nach Makedonien zurückzukehren. Das
alles erfahren wir aber nicht (und erst 3,2–5 scheinen Überlegungen durch, die er
damals angestellt hat). Hier aber schreibt der Apostel, wie er diese Dinge jetzt sehen
muß (nach Kenntnis dessen, was 3,6 explizit ausgeführt wird): In Wahrheit war die
Verhinderung seiner Reise eine Verhinderung eines durchaus Erfolg verheißenden
Dienstes am Evangelium und darum ein Werk des Satans. *Jetzt* durchschaut er das!
Was Paulus damit sagen will, versteht man sofort, wenn man mit der ganz parallelen
Argumentation 2,16 vergleicht; und man muß das verstehen auf dem Hintergrund
des Gegenbildes, das er mit **V. 19f.** anschließt: Paulus wäre ja mit der Gemeinde zu-
sammengeführt worden, die er (wie er jetzt weiß) als seine Hoffnung, seine Freude,
seinen Ruhmeskranz angesichts der kommenden Parusie bezeichnen kann. Man
darf nicht vergessen: Paulus sieht diese als dicht bevorstehend an (4,15. 17). Beim
Kommen des Herrn wird an der intakten Gemeinde sichtbar, daß die apostolische

Arbeit nicht vergeblich gewesen ist. Das gilt zwar prinzipiell von jeder Paulus-Gemeinde, die ihr Christsein bewährt hat. Wie sehr das nun aber gerade für die Thessalonicher gilt, stellt er in bewegten Worten in der Form einer rhetorischen Frage und mit einer den Gedankengang unterbrechenden, auf die Thessalonicher zielenden Parenthese heraus. Diese Gemeinde hätte die Verwaisung des Paulus aufgehoben, wenn der Satan nicht seine Hand im Spiel gehabt hätte.

Mit **3,1f.** lenkt der Apostel nun auf seine früheren Überlegungen zurück. Da sein eigenes Kommen nach Thessalonich nicht geraten schien (oder nicht möglich war), schickte er Timotheus. Wenn er davon spricht, daß er «es nicht mehr ertragen konnte», kommt damit einerseits zum Ausdruck, daß Paulus (damals) im Ungewissen über das Schicksal seiner Gemeinde war. Nach dem gerade eben Gesagten klingt in dieser Wendung (die er V. 5 wiederholt) jetzt mit an, daß er eben diese Gemeinde braucht: Er kann es nicht ertragen, von ihr getrennt zu sein. So bleibt er allein in Athen zurück[6] und schickt (wenigstens) einen «Stellvertreter», Timotheus. Dieser wird dann umfassend charakterisiert als «unser Bruder und Mitarbeiter Gottes am Evangelium Christi». Interessant ist, daß Abschreiber des 1. Thess. an der Bezeichnung **Mitarbeiter Gottes** Anstoß genommen, diesen Ausdruck dann entweder getilgt oder abgeschwächt haben. Paulus meint ihn aber durchaus präzise. Wer «Nachahmer» Christi ist, ist von Christus geprägt (vgl. S. 38f.). Als so Geprägter gestaltet er in seinem Leben und durch sein Leben für die, mit denen er zu tun hat, das Evangelium Christi. Da das aber das Evangelium Gottes ist (2,8), ist er in der Tat Mitarbeiter Gottes, denn Gott wirkt durch sein Evangelium. Diese Charakterisierung des Timotheus gilt nach Paulus für jeden Christen. Damit soll nicht die «Leistung» des Christen, wohl aber seine «Würde» herausgestellt werden. Ein Verzicht auf diese Würde wäre gleichbedeutend mit einem Verzicht auf das Christsein überhaupt. Das eigentliche Werk vollbringt der, der den Christen prägt; aber er vollbringt es durch den, den er geprägt hat, also durch seinen «Mitarbeiter». – Die Aufgabe des Timotheus war, die Gemeinde zu stärken und in ihrem Glauben zu ermuntern. Glaube meint hier (wie auch V. 5. 6. 7) nicht einfach Festhalten an der Lehre, sondern umfassend den gelebten Glauben und insofern den Wandel.

Der kann durch Bedrängnisse ins Wanken geraten (**V. 3–5**). Damit klingt zunächst einmal das Motiv an, das Paulus (früher) zur Sendung des Timotheus veranlaßt hatte. Aber schon wenn er von «diesen» Bedrängnissen redet, wird deutlich, daß er die Vergangenheit aus seiner jetzigen Sicht darstellt. Indem er inzwischen gemachte Erfahrungen einbezieht, leitet er dazu an, zusammen mit diesen auch die Vergangenheit theologisch umfassender (nämlich eschatologisch) zu verstehen. Wie sehr das dann wiederum die Gegenwart angeht, zeigt er dadurch, daß er so etwas wie einen Grundsatz formuliert. – Mit «diesen» Bedrängnissen (wegen der Timotheus geschickt wurde) spielt Paulus also auch auf die (später) erlittene Verfolgung der Gemeinde an (2,14), denn selbstverständlich hören die Thessalonicher das beim Lesen mit. Daß von Drangsal als Konsequenz aus dem Christsein auch schon während der Anwesenheit des Paulus bei der Gemeinde die Rede gewesen sein muß, wurde durch seine Anspielung auf die Erlebnisse in Philippi (2,2) zumindest neu bewußt. Möglicherweise wissen die Thessalonicher aber auch durch Timotheus vom Clau-

---

6 Im Griechischen ist das «allein» ein Plural. Der kann sich natürlich, da Paulus inzwischen wieder in das Wir zurückgefallen ist, auf ihn allein beziehen. Nach dem Kontext muß jedoch ein echter Plural gemeint sein: Paulus und Silvanus bleiben zurück. Man darf daher hier nicht das Motiv der Einsamkeit einlesen. Der Singular in V. 5 unterstreicht dann, daß Timotheus Stellvertreter des Paulus ist, der nach 2,18 eigentlich selbst kommen wollte.

dius-Edikt und von den sich daraus für Paulus ergebenden Schwierigkeiten. So können sie durchaus einsehen: Ein Wandel, der «angemessen der Herrschaft und Herrlichkeit Gottes» geführt wird (2,12), muß, da er in dieser alten Welt geführt wird, auf Widerstände stoßen. Diese vielfach gemachten Erfahrungen veranlassen Paulus zu der grundsätzlichen Aussage: Dazu (zu diesen Bedrängnissen) sind wir bestimmt. Ausdrücklich sagt der Apostel, daß die Thessalonicher das (inzwischen, – aber im Grunde von Anfang an) wissen. Damit macht er jedoch wieder keine Aussage im Sinne der späteren Prädestinationslehre (vgl. 1,4), etwa: Gott hat die Christen im voraus zum Leiden bestimmt. Das Wissen der Thessalonicher ist vielmehr an den Erfahrungen orientiert, die sie richtig verstehen und einordnen sollen. Diese zeigen eben: In dieser Welt ist eschatologischer Wandel nur möglich, wenn man das Risiko von Widerständen (bis hin zum eigenen Scheitern) in Kauf nimmt. Damit ist zugleich die Versuchung gesetzt, diesem Risiko zu entgehen. Das kann jedoch nur unter Verzicht auf den eschatologischen Wandel gelingen. Der Wandel, der dann geführt wird, ist aber kein irgendwie «neutraler», sondern er ist ein *dem Versucher* «angemessener» Wandel und kann insofern als Werk des Versuchers bezeichnet werden. (Vgl. wieder die ganz entsprechende Argumentationsrichtung 2,16. 18.) Wären die Thessalonicher, um den Bedrängnissen zu entgehen, zu einem nicht von Christus geprägten Wandel ausgewichen, hätte sich darin gezeigt, daß sie dem Versucher erlegen sind. Dann wäre die Arbeit des Paulus in nichts zerfallen.

Natürlich bleibt das eine für die Thessalonicher (wie für alle Christen) weiter bestehende Versuchung (der man wohl umso eher entgeht, je besser man sie durchschaut). Paulus führt aber diesen grundsätzlichen Gedanken nicht weiter, sondern lenkt wieder (vgl. 2,17) auf sich zurück: Die Rückkehr des Timotheus hat ihm gezeigt, daß seine Arbeit nicht in nichts zerfallen ist **(V. 6–8)**. Er erfährt: Die Thessalonicher sind beim Glauben (d. h. beim Wandel aus Glauben) geblieben. Wenn dazu noch ihre Liebe genannt wird, ist damit kaum allgemein Liebe der Christen gemeint (wie 4,9f.), denn an dieser Stelle ist die im Begriff Glauben mit enthalten. Hier geht es vielmehr, wie die Fortsetzung zeigt, um die Liebe der Thessalonicher zu Paulus, die nun ihrerseits danach drängt, den Apostel bald wieder in ihrer Mitte zu haben. Wenn Paulus von dem Inhalt der Nachricht des Timotheus sagt, daß dieser ihm den «verkündigt» habe, dann ist das ganz präzise zu verstehen. Es handelt sich um mehr als eine bloß erfreuliche Mitteilung, nämlich präzise um «Wort des Herrn» (vgl. 1,8), das wirkende Kraft hat. Diese Verkündigung hat ihre Wirkung auf Paulus gehabt; und ihm liegt daran, gerade das mit Nachdruck herauszustellen. Das geschieht zunächst durch eine kleine Überleitung, die die Gegenseitigkeit des Verhältnisses Apostel-Gemeinde unterstreicht. Da die Thessalonicher Paulus leiblich unter sich haben möchten, wollen sie ihn aus seiner Verwaisung (2,17) herausführen; und das drängt ihn nun selbst nach Thessalonich. Aber es ist noch viel mehr geschehen: Durch den dem Paulus «verkündigten» Glauben der Thessalonicher ist er in seiner gegenwärtigen Not und Bedrängnis ermuntert worden. Er war ja, wie wir gesehen haben, in seiner Anfangszeit in Korinth in einer fast jeder Hinsicht schwierigen Situation (vgl. S. 16.38). Die Thessalonicher haben ihn daraus befreit. Und es ist keineswegs eine freundliche Übertreibung, sondern es ist Paulus voller Ernst, wenn er der Gemeinde sagt, daß *sie* es war, die *ihn*, als ihr Glaube ihm verkündigt wurde, wieder zum Leben gebracht hat. Mit der Bemerkung, daß sie das durch ihr «Festhalten am Herrn» weiterhin tut (und wohl auch tun wird), bereitet der Apostel die folgenden Ausführungen vor.

Zunächst stimmt er (nach 1,2 u. 2,13 zum dritten Mal) einen Dank an, diesen nun in ganz besonderer Herzlichkeit **(V. 9)**. Der Dank ist zwar durch die Thessalonicher ausgelöst, gilt jedoch wieder Gott, denn die Gemeinde ist wohl *Mitarbeiter Gottes* (und hat sich Paulus gegenüber als solcher erwiesen), aber sie ist eben doch «nur» *Mit*arbeiter Gottes (vgl. V. 2). **V. 10** nimmt noch einmal den Schluß von V. 6 auf, nun aber als Gebetsinhalt formuliert, zu dem dann auch gehört, daß Paulus **«die Mängel des Glaubens»** der Thessalonicher zurechtbringen möchte. Aus dem ganzen Kontext versteht sich von selbst, daß der Begriff Mangel keinerlei Vorwurf enthält, daß er aber auch nicht ernsthaft einen Defekt des Glaubens ausdrücken will. Was den Wandel aus Glauben betrifft (V. 5. 6. 7), kann von einem Mangel überhaupt keine Rede sein. Es geht hier vielmehr darum, daß die Gemeinde auf ihrem unbestritten guten Wege des Glaubens dennoch gewisser werden soll. Das geschieht dann immer auch dadurch, daß sie bestimmte Fragen und Probleme des Glaubens (auch intellektuell) noch deutlicher durchschaut als bisher. Dazu gehört darum auch Belehrung. Am einfachsten wäre es, wenn Paulus die bei persönlicher Anwesenheit mündlich vortragen könnte. Das ist jedoch vorläufig nicht möglich. Warum, schreibt Paulus den Thessalonichern nicht. Der Grund liegt aber nahe: Paulus kann Korinth jetzt nicht verlassen, da er nach der Rückkehr des Timotheus und der Ankunft der Boten aus Makedonien hier mit seiner Arbeit gerade erst beginnen konnte (vgl. S. 16 u. 1,8b–9a).

In dieser Situation des Apostels ist es verständlich, daß er sich (wenigstens schriftlich) umso intensiver den Thessalonichern zuwendet, indem er ihnen (zunächst) den Inhalt seines Gebets zuspricht **(V. 11–13)**. Bemerkenswert ist dabei, daß in diesen Inhalten (gleichsam das Bisherige zusammenfassend) das Motiv der Gegenseitigkeit durchgehalten wird (sowohl im Verhältnis von V. 11 zu V. 12f., als auch innerhalb des V. 12). Sodann werden nachher noch zu behandelnde Themen (zum Teil in Stichworten) vorweggenommen. Der Apostel hat also sehr deutlich vor Augen, was die Gemeinde «braucht». (Es dürfte daher verfehlt sein, mit einer Teilungshypothese in V. 11–13 den Schluß eines ursprünglich selbständigen Briefes zu sehen, der mit 2,13 begonnen haben soll; vgl. S. 26f. und S. 47.) – Wie sehr Paulus zur Gemeinde drängt, will er sie wohl auch daran erkennen lassen, daß er den, der des Apostels Weg zu ihnen bahnen möge, sehr vollklingend bezeichnet als «unser Gott und Vater und unser Herr Jesus Christus». (Man darf in dieses Gottesprädikat nicht zu viele Überlegungen der späteren Dogmengeschichte eintragen. Daß Paulus nicht zwischen Gott und Christus unterscheiden will, zeigt sich daran, daß er ein betontes Er voranstellt und das Verbum im Singular folgen läßt. Dabei reflektiert er aber nicht über das Verhältnis beider zueinander; vgl. S. 32.) – Dieser Herr möge sodann ebenfalls die Gemeinde wachsen und immer reicher werden lassen (vgl. 3,10b und 4,1. 10), und zwar an Liebe zueinander (vgl. 4,9f.; 5,13) und zu allen (vgl. 4,12), so wie Paulus sie zur Gemeinde hat. – Im **eschatologischen Ausblick** am Schluß bringt Paulus dann (wieder) den Aspekt der der Gemeinde entgegenkommenden Parusie ein, worauf er später noch ausführlich zu sprechen kommen muß (4,13–5,11). Was 2,19 bereits in den Blick kam, wird jetzt durch ein Bild ergänzt, das der Apostel apokalyptischen Vorstellungen entnommen hat: Der Herr wird mit allen seinen Heiligen kommen. (Weitere Ergänzungen folgen 4,16f.) Man sollte sich nicht darüber streiten, ob unter den Heiligen verstorbene Gläubige, die Gesamtheit der Gerechten oder die Engel zu verstehen sind. In den apokalyptischen Traditionen liegen unterschiedliche Bedeutungen vor. Für die Exegese ist aber nicht das entscheidend, was solche Traditionen früher einmal ausdrücken wollten, sondern das, was Paulus mit Hilfe übernommener Vorstellungen sagt. In diesem Zusammenhang ist die Beobachtung wichtig, daß – auch für Paulus – die Vorstellungen durchaus austauschbar sind. In V. 13 bittet der Apostel darum, daß die Herzen der Thessalonicher angesichts der ihnen entgegenkommenden Parusie gestärkt werden (nach 5,5: daß sie wirklich Söhne des Lichts und Söhne des Tages werden), damit sie untadelig und in Heiligkeit (vgl. 4,3) wandeln (nach 2,12: daß sie wandeln «angemessen der Herrschaft und Herrlichkeit Gottes»). Offensichtlich kommt es Paulus hier auf den Gleichklang (auch der griechischen Worte) an: Den mit dem Herrn kommenden *Heiligen* ist ein jetziger Wandel in *Heiligkeit* «angemessen». So aber können (und sollen darum auch) die Thessalonicher dem «Tag des Herrn» (5,2) entgegengehen. Was das für sie konkret heißt, entfaltet er nun.

2. Teil

4,1–5,24   Weiterführung auf dem Wege

Man kann durchaus den ganzen Brief als «Ersatz» für die Anwesenheit des Paulus in der Gemeinde bezeichnen. In besonderer Weise trifft das jedoch für den 2. Teil zu, denn die hier behandelten Themen scheinen konkret veranlaßt zu sein. Wieso das für die ethischen Hilfen 4,1–12 gilt, muß noch näher geklärt werden. Die einleitende Wendung («übrigens») erweckt fast den Eindruck, daß das Folgende nur beiläufig gesagt wird, offenbar aber gesagt werden muß. Wenn dann jedoch zwei Themen mit «über» eingeleitet werden («über die Entschlafenen» 4,13; «über Zeiten und Stunden» 5,1), kann man vermuten, daß Paulus hier Anfragen beantwortet, die die Thessalonicher durch Timotheus (nicht jedoch, wie gelegentlich angenommen wurde, durch einen verlorengegangenen Brief) an den Apostel gerichtet haben. Schließlich scheint Paulus auch noch einiges andere über Probleme in der Gemeinde gehört zu haben.

4,1–12   Wandel als gelebter Glaube

1 Im übrigen, Brüder, bitten und ermuntern wir euch in dem Herrn Jesus, daß ihr, wie ihr [es] von uns empfangen habt, [nämlich:] wie ihr wandeln und [damit] Gott gefallen sollt – ihr wandelt ja auch so –, daß ihr darin immer weitere Fortschritte macht. 2 Ihr wißt doch, welche Weisungen wir euch durch den Herrn Jesus gegeben haben.
3a Denn das ist Gottes Wille: eure Heiligung,
3b so daß ihr euch von der Unzucht fernhaltet 4 [und] ein jeder weiß, sein eigenes Gefäß in Heiligung und Ehrbarkeit zu gebrauchen, 5 nicht [aber] in leidenschaftlicher Begierde wie die Heiden, die Gott nicht kennen,
6a daß er (= ein jeder) sich nicht Übergriffe erlaubt und seinen Bruder bei Geschäften übervorteilt.
6b Denn ein Rächer ist der Herr in all diesen [Dingen], wie wir euch vorhergesagt und bezeugt haben. 7 Denn Gott hat uns nicht berufen zu [einem Leben in] Unreinheit, sondern in Heiligung. 8 Darum also: Wer [das?, uns?] ablehnt, lehnt nicht einen Menschen ab, sondern Gott, der seinen heiligen Geist in euch [hinein] gibt.
9 Daß ich euch [nun auch noch] über die Bruderliebe schreibe, habt ihr [eigentlich]

nicht nötig, seid ihr doch selbst von Gott gelehrt, einander zu lieben. 10 Ihr tut es ja auch an allen Brüdern in ganz Makedonien. Wir ermuntern euch aber, Brüder, [darin] immer mehr Fortschritte zu machen 11 und eure Ehre [darein] zu setzen, Ruhe zu halten, euch um eure eigenen Angelegenheiten zu kümmern und mit euren [eigenen] Händen zu arbeiten, wie wir euch geboten haben, 12 damit ihr vor den Außenstehenden wohlanständig wandelt und auf niemand angewiesen seid.

Die Gliederung dieses Abschnittes ist nicht ganz einfach, sieht man von dem deutlich erkennbaren Einschnitt nach V. 8 ab. Von V. 9 an wird die ganze Gemeinde angesprochen, zunächst auf ihre Bruderliebe, dann auf die Wirkung des innergemeindlichen Verhaltens nach außen. Vorher dagegen gilt die Anrede stärker dem einzelnen (vgl. V. 4); doch sind hier die Ausführungen nicht wirklich durchsichtig. Die oben (durch den Drucksatz) in der Übersetzung angedeutete Gliederung ist lediglich ein Versuch, der noch begründet werden muß. Das betrifft vor allem die V. 3–8, zumal hier nicht immer klar zu erkennen ist, von welchen konkreten ethischen Problemen Paulus redet. Manche Worte lassen sich verschieden übersetzen. Was der Apostel jeweils meint, dürften die damaligen Leser aus den Andeutungen herausgehört haben können; für uns dagegen bleiben Fragen. Nun hat es die Exegeten natürlich immer gereizt, bei offenen Fragen auf die Suche nach Antworten zu gehen. In unserem Fall lohnt es aber nicht, gerade darauf das Hauptinteresse zu richten. Einerseits kämen wir doch niemals über Vermutungen hinaus (und manche Kommentare täuschen hier eine falsche Sicherheit im Bescheidwissen vor); andererseits aber würden wir uns gerade dadurch leicht den Blick für das verstellen, was diesem Abschnitt eigentümlich ist. Das liegt nämlich darin, *wie* Paulus den Thessalonichern gegenüber (und dann vielleicht auch, wie er *grundsätzlich*) ethische Probleme behandelt.

Man muß auf den Tenor des Ganzen achten. Auffällig ist schon, wie nachdrücklich der Apostel zu Beginn beider Unterabschnitte betont, daß die Thessalonicher bereits so wandeln, wie sie wandeln sollen, und daß es ihm jetzt darauf ankommt, sie darin zu weiteren «Fortschritten» zu führen (V. 1 u. V. 9f.). Paulus nimmt also auch für den Themenbereich des konkreten Wandelns ausdrücklich den Tenor auf, der ohnehin den ganzen Brief bestimmt. Das hat freilich auch schon Abschreiber des 1. Thess. in Erstaunen versetzt. In den meisten Handschriften ist das im V. 1 gleichsam in Klammern gesetzte «ihr wandelt ja auch so» ausgelassen. Diese Streichung beruht allerdings auf einem Mißverständnis: Die Abschreiber haben irrtümlich unterstellt, daß Paulus sich in V. 3–8 gegen konkrete Mißstände wendet, die in der Gemeinde herrschen. Ist das aber der Fall, dann kann der Apostel nicht vorher sagen, daß die Thessalonicher richtig wandeln. Wenn Paulus diese Bemerkung jedoch ernst meint (und nichts berechtigt dazu, das Gegenteil anzunehmen), dann kann höchstens von einer gewissen Unsicherheit in der Gemeinde die Rede sein. Damit bietet sich aber vielleicht eine Parallele an, die zum Verstehen hilft: Die Thessalonicher waren zwar nicht zu den Konkurrenz-Missionaren abgefallen (3,6); aber die Erfahrung der eigenen Verfolgung bedeutete für sie dennoch eine latente Versuchung, auf «einfacherem» Wege Heil zu erlangen (vgl. 2,1–16). Lassen sich Beziehungen zwischen beiden Versuchungen erkennen?

Einen ersten Hinweis kann die Wiederholung des gleichen Begriffs bieten. Nach 2,13 haben die Thessalonicher das von Paulus verkündigte Wort Gottes «angenommen». Dieser Ausdruck gehört zu dem Begriffspaar «empfangen/weitergeben», das meist gebraucht wird, wenn es um Annahme und Weitergabe formulierten Glaubensgutes geht (vgl. 1. Kor. 11,23; 15,3). Hatte Paulus nun 2,13 diese Traditionsweitergabe auf das «Wort» bezogen, so wird 4,1 von einem «Empfangen» des Wandels gesprochen. Man kann beides zwar unterscheiden, darf es aber nicht scheiden. Paulus hatte in der Tat (auch) seinen Wandel nach Thessalonich gebracht (vgl. nur 2,8). Davon «wissen» die Thessalonicher (V. 2). Nun aber sollen sie inmitten mancherlei Anfechtungen «Fortschritte» in eben diesem «empfangenen Wandel» machen. Worin solche Anfechtungen bestanden und wie man ihnen begegnen kann (woran man im Wandel orientiert bleiben muß), muß in der Einzelauslegung noch geklärt werden.

V. 1–2 ist (trotz gewisser Wiederholungen in V. 9f.) als grundsätzliche Aussage *Überschrift* über den ganzen Abschnitt. Mit «im übrigen» schließt Paulus an das vorher Gesagte fast beiläufig eine «Bitte» an. Man gewinnt sofort den Eindruck, daß Paulus von vornherein das Mißverständnis vermeiden will, es folgten nun Vorwürfe. Unterstrichen wird das sodann durch die etwas umständlichen Formulierungen. Sie lassen erkennen, wie zurückhaltend und behutsam Paulus das Thema Ethik angeht. Eben deswegen sollte man das zweite Verbum (das auch «ermahnen» heißen kann) besser mit «ermuntern» übersetzen. Paulus kann zwar das, was er früher gebracht hat, als «Weisung» bezeichnen (V. 2). Damit wird dann mit einem gewissen Nachdruck die empfangene Gabe herausgestellt, die die Konsequenz im Wandel zwingend fordert, weil sie mit der Gabe zugleich gegeben ist; doch jetzt «bittet und ermuntert» er die Thessalonicher, sie möchten sich – wie bisher schon – weiter am Empfangenen orientieren, noch etwas intensiver, noch etwas konsequenter und wohl auch etwas reflektierter. Dabei gibt er schon hier (vgl. V. 8) zu erkennen, daß im Grunde nicht er selbst es ist, der bittet, sondern das geschieht «durch den Herrn Jesus», wie auch die Weisungen des Apostels «durch den Herrn Jesus» gegeben waren. Paulus ist also immer nur «Mund» des Kyrios. In genau dem entsprechenden Gefüge steht dann der Wandel. Ist er Gott «angemessen» (vgl. 2,12), dann gilt von denen, die ihn führen, die sich vom Kyrios «prägen» lassen (vgl. S. 39), daß sie «Gott gefallen».

V. 3a faßt diesen Wandel zusammen unter dem Begriff **Heiligung**, der nun seinerseits die nachfolgenden Ausführungen bestimmt (vgl. V. 3. 7). Damit wird dann auch die vermutlich von Paulus beabsichtigte Gliederung erkennbar. Nach der «Überschrift» (3a) folgen «konkrete» Fälle (3b–6a), danach eine Zusammenfassung **(6b–8)**. Orientieren wir uns daher erst am «Rahmen», bevor wir die konkreten Fälle betrachten. Sollten die Thessalonicher den 3b–6a genannten Versuchungen erliegen, würden sie ein Leben in «Unreinheit» führen. In ihrem Wandel würde dann sichtbar werden, daß sie nicht von Gott berufen sind. Gott würde dann für die Thessalonicher, die ja auf Grund des von ihm Empfangenen die Möglichkeit zu einem Gott angemessenen Wandel haben, zu einem «Rächer», wie Paulus (6b) unter Aufnahme einer Wendung aus Ps. 94,1 sagt. Der Apostel hätte das auch so ausdrücken können, daß damit schon der «Zorn» auf sie gekommen wäre, der vom Ende her in die Gegenwart hereinragt (vgl. 2,16). Auch ein Wandel in «Unreinheit» hätte also eine (wenn auch negative) eschatologische Qualität (vgl. S. 49f.). – Nun trifft das alles in Wahrheit für die Thessalonicher jedoch nicht zu. Sie wandeln ja gerade richtig (V. 1). Sie haben erfahren und wurden bereits darauf angesprochen, daß sie von Gott berufen sind (1,4). Dann aber kann die Konsequenz nur eine stets neue «Heiligung» sein. Der Begriff meint also nicht so etwas wie eine Eigenschaft oder eine Qualität, die den Thessalonichern zugeteilt worden wäre, sondern er drückt einen *Prozeß* aus, einen Vollzug des Wandels, in den sich die Christen immer neu einfügen lassen sollen auf ihrem Wege zur Begegnung mit dem Herrn «und allen seinen Heiligen» (vgl. 3,13). – Das wird V. 8 noch einmal mit Hilfe einer Aussage über den Geist entfaltet. Nicht ganz deutlich ist hier zunächst, worauf sich das Verbum bezieht, das mit «ablehnen» oder «mißachten» übersetzt werden kann: auf Paulus oder auf die bisherigen Ausführungen. Im Grunde läuft aber beides auf dieselbe Aussage hinaus. Wer auf die Worte des Apostels, die er «in dem Herrn Jesus» spricht (V. 1), nicht hört, oder wer auf den angebotenen Weg der Heiligung verzichtet, der lehnt damit nicht eine nur menschliche Instanz ab, der vergeht sich in seinem Tun auch nicht einfach an Menschen, sondern der stellt sich in Wahrheit gegen Gott. Denn er stellt sich damit gegen den, der mit seinem heiligen Geist (also einer «eschatologischen» Gabe) den Menschen das Vermögen gibt (Präsens!, also: immer wieder), einen ihm angemessenen Wandel zu führen – und darin immer weiter «Fortschritte» zu machen.

Durchschauen die Thessalonicher diese Zusammenhänge, haben sie auch die Möglichkeit, in «Heiligung» (V. 3a) **konkreten Versuchungen** zu entgehen **(V. 3b-6a)**. – Zunächst wird die Unzucht genannt, also die geschlechtliche Entgleisung (V. 3b). Daß damit kein Mißstand angeprangert werden soll, dem die Gemeinde verfallen *ist*, sondern daß es sich wirklich um eine *Versuchung* handelt, zeigt (neben dem Tenor des ganzen Abschnittes) auch das Verbum «fernhalten von». Die Thessalonicher sollen sich dazu nicht verführen lassen. Hier ist es durchaus möglich, daß Paulus auf eine Praxis anspielt, die Konkurrenz-Missionare zur Gewinnung von «Heil» anboten (vgl. dagegen 2,3). Es ist allerdings müßig, weitere Spekulationen über die konkrete Gestalt dieser Praxis anzustellen.

Wie sich das nun Folgende daran anschließt, hängt davon ab, was mit dem Wort **Gefäß** gemeint ist. Es gibt Belege dafür, daß das entsprechende hebräisch-aramäische Wort in der Bedeutung «Frau» vorkommt, wobei ein betont sexueller Aspekt vorliegt und «Gefäß» dann schon die Bedeutung «Gerät» hat, das man benutzt. Wenn das an unserer Stelle zutrifft, würde Paulus den Gedanken von V. 3a aufnehmen und weiterführen: Die Thessalonicher sollen sich dadurch von der Unzucht fernhalten, daß sie innerhalb ihrer Ehe bleiben; diese aber sollen sie in Heiligung führen. Die Frauen sollen also auch in der Ehe nicht als Objekte zur sexuellen Befriedigung mißbraucht werden, indem die Männer in leidenschaftliche Begierde verfallen. Dasselbe Thema könnte auch in V. 6a noch einmal weitergeführt worden sein, der dann den Ehebruch untersagen würde: Die Männer sollen nicht in die Ehe von Brüdern einbrechen, sich dabei Übergriffe erlauben und ihre Brüder «bei dieser Sache übervorteilen» (wie nun V. 6a zu übersetzen wäre). Wir hätten es dann in V. 3b–6a mit einer knappen Sexual- und Eheethik zu tun.

Wenn diese Erklärung auch sprachlich nicht unmöglich ist (und darum eine letzte Sicherheit nicht erreicht werden kann), halte ich sie dennoch für unwahrscheinlich. Zumindest die Warnung vor dem Einbruch in die Ehe von Brüdern ist doch eigentlich nur denkbar, wenn dafür sehr konkrete Veranlassung vorliegt. Hätte Paulus dann aber in V. 1 sagen können: Ihr wandelt ja auch richtig? Sodann ist zu beachten, daß Paulus den Begriff «Gefäß» sonst *immer* in der Bedeutung «Leib» verwendet (2. Kor. 4,7; Röm. 9,22. 23) [7]. Setzt man das hier voraus, ergibt sich ein klarer Ge-

---

[7] Gegen die Meinung vieler Kommentare muß diese Bedeutung auch für 1. Petr. 3,7 angenommen werden. Wenn dort von «dem schwächeren Gefäß, dem weiblichen» die Rede ist, kann man das doch nicht mit «der schwächeren Frau, der weiblichen» wiedergeben, sondern gesagt ist, daß «der schwächere *Leib* der weibliche» ist.

dankengang: Das Fernhalten von der Unzucht ist doch eigentlich dann eine Selbstverständlichkeit, wenn die Verantwortung für den eigenen Leib ernstgenommen wird. (Daß das auch für die Ehe Konsequenzen hat, versteht sich von selbst. Aber darauf ist hier nicht angespielt. Paulus formuliert vielmehr grundsätzlich, also auch nicht einmal nur für Männer, sondern ebenso für Frauen.) Die Verantwortung für den Leib wird darin sichtbar, wie man ihn «gebraucht». Das griechische Wort, das hier steht, bedeutet «erwerben» und zugleich (als Ergebnis des Erwerbens) «besitzen». Beides schwingt hier mit. Dadurch kommt zum Ausdruck, daß das «Gebrauchen» des Leibes ein immer neu zu vollziehender *Prozeß* ist. Der aber wird (unter Aufnahme von V. 3a) als «Heiligung» charakterisiert, die als «Ehrbarkeit» in Erscheinung tritt und sichtbar wird. Wird das Leben im Leibe immer neu als Heiligung gestaltet (vgl. 3,13) und darum in Ehrbarkeit geführt, verfällt es nicht der unter Heiden verbreiteten leidenschaftlichen Begierde. Diese hat ihren Grund darin, daß die Heiden «Gott nicht kennen». Damit kommt natürlich kein fehlendes intellektuelles Wissen «über Gott» zum Ausdruck, sondern das, was Heiden von Christen unterscheidet. Jene sind eben nicht wie diese von Gott «geprägt», leben daher nicht in Heiligung. – Wenn die Thessalonicher also durch ihre Umgebung in Versuchung gebracht werden (und diese in Unzucht konkret werden könnte), sollen sie sich dadurch davon fernhalten, daß sie sich daran erinnern: Wir «kennen (doch) Gott». Von diesem «Glauben» aus bestimmt sich dann ihr Wandel im Leibe.

Auch **V. 6a** schließt sich dann zwanglos an. Zwar ist wieder umstritten, worum es konkret geht, da das entscheidende Substantiv (*pragma*) sehr allgemein ist und vielfache Bedeutung haben kann (Angelegenheit, Sache, oder präziser: Handel, Gerichtsprozeß). Da aber ausdrücklich von «bereichern» die Rede ist, muß die Erklärung von dort ausgehen. Offenbar wird auf eine andere heidnische Praxis angespielt (vielleicht sogar wieder auf eine der Konkurrenz-Missionare; vgl. das Motiv der Bereicherung 2,5). Wer nicht von Gott bestimmt ist, nimmt nicht nur die Verantwortung für den Wandel im eigenen Leib nicht wahr (V. 3b–5); er ist auch bedenkenlos hinsichtlich der Konsequenzen, die dabei für den Nächsten herauskommen. Er erlaubt sich Übergriffe und übervorteilt ihn bei «Geschäften». Welche das genau sind, läßt sich nicht sagen. Die allgemeingehaltenen Formulierungen signalisieren aber gerade: Im Verhalten zum Nächsten gibt es überhaupt keine Dinge, die ohne Gewicht sind. Darum ist es eine Versuchung für den Christen, wenn er annimmt, auf dieses oder jenes (was er für belanglos hält, weil es verbreiteter Praxis entspricht) käme es «nicht so genau» an. So liegt hier also gegenüber dem Vorhergehenden eine radikalisierende Zuspitzung vor: Schlechterdings kein Tun darf aus (dem Prozeß) der Heiligung herausgenommen werden. Denn «alle diese Dinge» (V. 6b) haben «eschatologische» Qualität, was Paulus nun zusammenfassend unterstreicht (siehe oben!).

V. 9–12 nimmt der Apostel ein Verhalten der Gemeinde in den Blick, das offenbar (zumindest auch) Anlaß für die Verfolgung gewesen sein dürfte (vgl. S. 25.48). Dabei geht er außerordentlich zurückhaltend vor, weil auch hier letztlich kein Grund zu einem wirklichen Vorwurf besteht. Das kommt schon dadurch zum Ausdruck, daß Paulus das V. 1 Gesagte in V. 9f. ganz ähnlich wiederholt: Mit der Bruderliebe innerhalb der Gemeinde klappt es; aber ebenso mit der Liebe der Gemeinde zu anderen Gemeinden in ihrer Umgebung. Über diesen «innerkirchlichen» Bereich bräuchte er darum eigentlich gar nichts zu schreiben. Als solche, denen Gott seinen Geist gibt (V. 8), sind die Thessalonicher «von Gott gelehrt», einander zu lieben. Wieder schließt das nicht aus, daß sie auch darin «immer mehr Fortschritte» machen können. Wenn Paulus sie dazu ermuntert, wirkt das, was er konkret dazu sagt, jedoch eher wie eine Bremse: Die Thessalonicher sollen Ruhe halten, sich um ihre eigenen Angelegenheiten kümmern und mit eigenen Händen (zum Erwerb des Lebensunterhalts) arbeiten. Gesagt wird das im Blick auf die Wirkungen, die von der Gemeinde auf Außenstehende ausgehen, und auf deren Reaktionen darauf. Hier muß es Probleme gegeben haben, und insofern wird man bei der Gemeinde von einem «Mangel» sprechen müssen. Dieser aber beruht nun offenbar nicht auf einem Zuwenig, sondern eher auf einem Zuviel. Ist es auch gut und richtig, wenn die Gemeinde sich in ihrem eschatologischen Wandel von der in die Gegenwart hereinragenden Parusie des Herrn bestimmen läßt und das dann auch in der Bruderliebe konkret Gestalt gewinnt, darf sie dennoch nicht übersehen, daß ein solcher Wandel im alten Äon geschieht. Dieser wird zwar bald vergehen, ist aber dennoch eine die Thessalonicher umgebende Wirklichkeit, die sie darum erst nehmen müssen. In dem Maße, wie das nicht geschieht, führt das leicht in einen überspannten Enthusiasmus hinein, der vor allem Außenstehenden zum Anstoß wird, zumal für diese der alte Äon die *einzige* Wirklichkeit ist, die sie anerkennen. Worum es dabei konkret ging, läßt sich aus dem Angedeuteten leicht ausmalen: Man verfällt hektischer Betriebsamkeit; mit dem eigenen elitären Selbstbewußtsein fällt man anderen auf die Nerven, wenn man sich ungefragt in ihre Dinge einmischt und diese überheblich kritisiert und beurteilt; schließlich hat man selbst keine Zeit mehr für die Alltagsarbeit und liegt anderen auf der Tasche (mit denen man vielleicht sogar in der Familie oder Hausgemeinschaft zusammenlebt). Daß der Gemeinde der Geist gegeben wird, soll unbestritten bleiben; und später wird Paulus sogar dazu aufrufen, ihn nicht auszulöschen (5,19). Nur ist er kein Besitz, über den man jetzt schon verfügen könnte. Die Parusie ist eben noch nicht gekommen.

So scheinen die Thessalonicher mit dem Problem der Naherwartung der Parusie nicht wirklich zurechtgekommen zu sein. Das gilt aber nicht nur im Blick auf ihr Leben inmitten von Nichtchristen, sondern sehr viel grundsätzlicher. Darum wendet Paulus sich jetzt sofort diesem Thema ausführlich zu.

4,13–5,11   Glaube als gelebte Hoffnung

4,13 Wir wollen nicht, Brüder, daß ihr unwissend seid über die Entschlafenen, damit ihr nicht traurig seid wie die übrigen, die keine Hoffnung haben.
14 Denn wenn wir glauben (= denn wir glauben doch) **: Jesus ist gestorben und auferstanden – so auch: Gott wird die Entschlafenen um** [des in] **Jesu**[s geschenkten Heils] **willen mit ihm führen. 15 Dies nämlich sagen wir euch mit einem Wort des Herrn, daß wir, die Lebenden, die bis zur Parusie des Herrn Übrigbleibenden, gegenüber den Entschlafenen nicht im Vorteil sind: 16 Er selbst, der Herr, wird herabsteigen vom Himmel – beim Befehlsruf, bei der Stimme des Erzengels und der Posaune Gottes –, und zuerst werden die Toten in Christus auferstehen; 17 danach werden wir, die Lebenden, die Übrigbleibenden, mit ihnen zusammen in Wolken hinweggerafft werden in die Luft zur Einholung des Herrn. Und so werden wir immer mit dem Herrn zusammen sein. 18 So ermuntert einander mit diesen Worten.**
5,1 Über Zeiten und Stunden euch aber zu schreiben, Brüder, ist nicht nötig,
2 denn ihr selbst wißt genau: Der Tag des Herrn kommt wie ein Dieb in der Nacht.
3 Wenn man [aber] **sagt: Friede und Sicherheit, dann kommt plötzlich Verderben über sie wie die Wehen über die Schwangere; und sie werden nicht entfliehen.**

4 Ihr aber, Brüder, seid nicht in der Finsternis, daß euch der Tag wie ein Dieb überraschen könnte; 5 denn alle seid ihr Söhne des Lichts und Söhne des Tages. Wir gehören [daher] weder der Nacht noch der Finsternis. 6 Also laßt uns nun [auch] nicht schlafen wie die übrigen, sondern laßt uns wachen und nüchtern sein. 7 Denn wer schläft, schläft des Nachts; und wer sich betrinkt, ist des Nachts betrunken. 8 Wir aber, die wir dem Tag gehören, wir wollen nüchtern sein, angetan mit dem Panzer des Glaubens und der Liebe und mit dem Helm der Hoffnung auf das Heil. 9 Denn Gott hat uns nicht bestimmt für den Zorn, sondern zur Erlangung des Heils um unseres Herrn Jesus Christus willen, 10 der für uns gestorben ist, damit wir, ob wir nun wachen oder schlafen, immer mit ihm zusammen leben werden. 11 So ermuntert euch gegenseitig und erbaue einer den anderen, – wie ihr ja tut.

Fast immer hat diesem Abschnitt (meist sogar nur seinem ersten Teil) das Hauptinteresse am 1. Thess. gegolten. So liegt dann auch gerade darüber eine nahezu unüberschaubare Fülle von Einzeluntersuchungen vor. Genau das signalisiert jedoch einige Probleme, die die Auslegung nicht eben erleichtern. Man muß sie sich bewußt machen, um nicht unversehens auf eine falsche Spur zu geraten.

Der erste Grund für das besondere Interesse an diesem Abschnitt besteht darin, daß man häufig der Meinung ist, nur hier läge eine im engeren Sinne «theologische» Aussage des Paulus vor, der gegenüber die anderen Aussagen im Brief fast unbedeutend erscheinen, da sie im wesentlichen «nur» Korrespondenz enthalten. Daß diese Meinung schwerlich richtig ist, dürfte die bisherige Auslegung im vorliegenden Kommentar gezeigt haben. Darüber hinaus ist aber auch zu bedenken, daß eine solche *isolierte Exegese* eines aus einem einheitlichen Ganzen gelösten Abschnittes sehr leicht wichtige Aussagen für das Verstehen verstellt. Schon die häufige Behauptung, daß Paulus sich hier einem neuen «Thema» zuwende, unterschlägt Entscheidendes. Der Apostel «behandelt» hier kein Thema, sondern er erörtert es gezielt, im Blick auf *konkrete* Menschen. Daß *diese* in Trauer und Hoffnungslosigkeit geraten könnten (4,13), kann man nicht isolieren von dem Enthusiasmus, zu dem sie offenbar neigen (vgl. 4,9–12). Wenn der Apostel darüber hinaus den ganzen Abschnitt mit der Bemerkung «wie ihr ja tut» abschließt (5,11), darf man nicht übersehen, daß damit das Motiv aus 4,1. 10 erneut aufgenommen wird. Das weist dann darauf hin, daß es sich wahrscheinlich nicht um ein in jeder Hinsicht neues Thema handeln kann. Vielmehr sollen die Thessalonicher angesichts von «Mängeln des Glaubens» (3,10) angeleitet werden, «immer mehr Fortschritte» zu machen. So gilt es, genau darauf zu achten, woran der Apostel anknüpft und was er weiterführt. Isoliert man dagegen den Abschnitt, kommt gerade das gar nicht in den Blick.

Zugleich droht dann eine andere Gefahr: Man trägt viel zu direkt eigene Fragen an den Text heran. Hier liegt dann auch der zweite Grund für das besondere Interesse an diesem Abschnitt: Scheinbar eignet er sich zu einer *dogmatisch gesteuerten Exegese*. Man möchte Lehraussagen über die Themen Auferstehung der Toten und die letzten Dinge gewinnen. Vorschnell unterstellt man dann, daß Paulus eben diese Themen hier «behandelt». Nun werden die Vorstellungen, die der Apostel dazu vorträgt, als sachlich zutreffend unterstellt und in dogmatische Lehraussagen überführt. Dabei hätte doch eigentlich schon *eine* Beobachtung vor einem solchen Verfahren warnen sollen. Zur Vorstellung, die Paulus von der Zukunft zeichnet, gehört auch diese: Er und die Thessalonicher werden vor ihrem eigenen Tode den «Tag des Herrn» erleben. Mit Nachdruck (und keineswegs nur «nebenbei») betont der Apostel gerade das. Er tut es, indem er sich und die Leser trotz inzwischen eingetretener

Todesfälle zweimal mit der Bezeichnung «wir, die (bis zur Parusie) Übrigbleibenden» zusammenschließt (4,15. 17). Daraus folgt doch aber, daß nach Meinung des Paulus das Thema Auferstehung der Toten für ihn und für die (noch lebenden!) Leser selbst ohne Interesse ist. Wer damit rechnet, die Parusie noch zu seinen Lebzeiten zu erleben, wartet für sich nicht auf eine Auferweckung vom Tode. Paulus holt hier also keineswegs eine dogmatische Belehrung nach, über die die Thessalonicher informiert sein müssen, damit sie wissen, was nach ihrem Tode auf sie einmal wartet und warum sie für sich selbst trotz des zu erwartenden Todes Hoffnung haben können. Das Thema Auferstehung der Toten hat *für die Leser* lediglich Bedeutung im Blick auf bereits verstorbene Christen. So ist auch nur ein einziges Mal davon die Rede (4,16). Für die Leser selbst besteht «Hoffnung» nicht darin, daß sie selbst einmal auferstehen werden, sondern darin, daß sie ganz sicher die Parusie erleben werden, der sie entgegengehen.

Nun besteht überhaupt kein Zweifel: Darin hat sich Paulus geirrt. Dann aber ist es doch eine höchst problematische Sache, in einer «dogmatisch gesteuerten Exegese» aus einem in sich geschlossenen Vorstellungskomplex (wir werden in Kürze diese Dinge so erleben) ein Stück herauszubrechen, das sich nicht mehr halten läßt (wir ... in Kürze), und den verbleibenden Rest als zutreffende Aussage über die Zukunft beizubehalten. Man bricht dann nicht nur den Teil heraus, auf den es Paulus in seiner Anrede an die Thessalonicher entscheidend ankommt (die eigene existentielle Betroffenheit im Zusammenhang mit einer Vorstellung), sondern man läßt dann auch lediglich die Vorstellung stehen, die als Vorstellung noch nicht einmal spezifisch christlich ist. Daß Tote auferstehen werden und daß das im Rahmen eines dramatischen Endgeschehens vor sich gehen wird, ist eine Überzeugung, die Paulus aus seiner jüdischen Vergangenheit mitgebracht hat. Sie gehört sozusagen zu seiner Weltanschauung. Sollte der Apostel die Information über eine (damals verbreitete) Weltanschauung benutzt haben, um mit dem Problem in Thessalonich fertig zu werden? Diese Information hätten die Thessalonicher auch aus der Synagoge beziehen können.

Man darf das natürlich nicht aus Voreingenommenheit ausschließen; doch stehen wir jetzt vor der für die Auslegung grundsätzlichen Überlegung. Völlig abgesehen davon, ob Paulus sich in seiner Vorstellung geirrt hat oder nicht, und auch völlig abgesehen davon, ob (und wenn ja, wie) wir heute diese weltanschauliche Vorstellung übernehmen können, müssen wir davon ausgehen, daß Paulus sie teilte. Als er diesen Brief schrieb (und sicher auch schon während seines Aufenthaltes in Thessalonich), war er der Überzeugung, daß er und die Leser in ganz naher Zukunft die Parusie erleben würden; und er war ebenso davon überzeugt, daß sich die Endereignisse (etwa) so abspielen würden, wie er sie 4,16f. darstellt. Erst wenn wir diese Vorstellung als *Vorstellung des Paulus* ganz erst nehmen (einschließlich des «Irrtums», den wir einfach konstatieren müssen), können wir feststellen, was er – *im Rahmen* dieser vorgegebenen Vorstellung – gezielt gerade den Thessalonichern sagen will.

Für die Auslegung kommt nun nahezu alles darauf an, das «Problem», das die Thessalonicher bewegte, so präzise wie möglich zu erfassen. Paulus selbst nennt zwei Stichworte, «über» die er schreiben will: «die Entschlafenen» (4,13) und «Zeiten und Stunden» (5,1). Wir machen nun aber einen Fehler, wenn wir vorschnell das, was *uns* an diesen Themen interessiert, als Problem *in Thessalonich* unterstellen. Dann entsteht nämlich leicht der Eindruck, daß zwei zu unterscheidende Themen behandelt werden und zwar: «Was wird aus Entschlafenen?» und: «Wann kommt die Parusie?» Tatsächlich hängen jedoch für die Thessalonicher beide Stichworte unmittelbar miteinander zusammen. Das zeigt sich schon (von noch zu besprechenden Einzelheiten abgesehen) am Duktus der paulinischen Argumentation.

Wir können davon ausgehen, daß Paulus bei seiner Anwesenheit in Thessalonich über Auferstehung der Toten nichts gesagt hat. Anzunehmen, daß die Gemeinde das inzwischen «vergessen» hätte, mutet einigermaßen abenteuerlich an. Aber die Thessalonicher können auch nicht durch Auferstehungsleugner an einer früher schon einmal vorhandenen Auferstehungshoffnung irre gemacht worden sein. Als Paulus in Thessalonich war, sah er die nahe Zukunft so, wie er sie jetzt immer noch für die (noch lebenden) Thessalonicher sieht: *Sie* gehören zu den «Übrigbleibenden». Eine «Information» über Auferstehung der Toten ist dann überflüssig. – Bezeichnend ist doch eben, daß Paulus nach der Nennung des Stichwortes «die Entschlafenen» keine Belehrung darüber vorträgt, was (ganz allgemein) aus Toten wird. Er steuert vielmehr konsequent die Endereignisse der Parusie an; und nur in diesem Rahmen erwähnt er einmal (fast beiläufig), daß die Toten «auferstehen» werden (4,16b). Das «Thema» ist und bleibt eindeutig die Parusie: Sie kommt bestimmt; und sie kommt bald. Wenn sie aber kommt, dann werden die Thessalonicher (die Lebenden, die Übrigbleibenden) den Entschlafenen gegenüber «nicht im Vorteil sein» (4,15). An dieser Stelle wird deutlich, was die Thesslonicher wirklich bewegt hat. Sie rechneten mit dem baldigen Kommen der Parusie. Nun traten (eigentlich nicht mehr erwartete) Todesfälle ein. Nicht *daß* sie eintraten, ist also das eigentliche Problem, sondern daß sie *vor der Parusie* eintraten. Jetzt schienen die Entschlafenen «benachteiligt», da, wie die Thessalonicher meinten, nur Lebende, nicht aber Tote am Heil der Parusie teilhaben. Die entschlafenen Christen hätten dann «umsonst» geglaubt. An ihnen hat sich der Tod als stärker erwiesen als ihr Glaube. – Das aber konnte dann zu einer weiteren Unsicherheit führen: Mußten nicht auch die (noch) Lebenden damit rechnen, vielleicht ebenfalls vor der Parusie zu sterben? Wenn das aber (bei weiterer Verzögerung der Parusie) zu erwarten war, dann konnte das den *Glauben* der Thessalonicher überhaupt gefährden: Hoffnungslosigkeit konnte sich ausbreiten, Trauer um sich greifen (4,13). Solche Bedrohung gehört dann zu den «Mängeln des Glaubens», die Paulus beseitigen möchte (3,10).

Das «Problem» der Thessalonicher ist also die *Bedrohung des Glaubens,* die ihren Grund in der immer noch ausgebliebenen Parusie hat. An der Frage nach den Entschlafenen wird dieses Problem konkret. Die beiden «Stichworte» in 4,13 und 5,1 gehören also unmittelbar zusammen: 4,13 nennt einen (für die Thessalonicher akuten) Teilaspekt des 5,1 grundsätzlich formulierten Problems der «Zeiten und Stunden», also des Temins der Parusie. – Und so geht Paulus dann in zwei eng miteinander zusammenhängenden Durchgängen eben dieses eine Problem an, zunächst (4,13–18) auf den ganz konkreten Anlaß bezogen, danach (5,1–11) allgemein und ins Grundsätzliche ausgeweitet. Wenn man diese Verteilung der Gewichte erkennt, muß man es doch wohl als einen Mißgriff bezeichnen, daß immer wieder versucht wird, dogmatische Aussagen gerade aus den sehr «situationsbedingten» Ausführungen des ersten Teils zu gewinnen, während dafür die grundsätzlicheren Ausführungen des zweiten Teils durchweg vernachlässigt werden.

Der konkreten Unsicherheit des Glaubens der Lebenden begegnet Paulus damit, daß er (erstaunlich genug) für sie nachdrücklich an der Vorstellung von der Nähe der Parusie festhält. Ganz gewiß werden die Thessalonicher zu den Übrigbleibenden gehören. Ihre Sorge um das Heil der Entschlafenen aber nimmt er so auf, daß er betont: Auch sie wird Gott (bei der Parusie) mit Jesus zusammenführen (4,14b); sie werden gemeinsam mit den Lebenden entrückt werden (4,17). Die Entschlafenen sind daher keineswegs im Nachteil (4,15). Um den Thessalonichern zu zeigen, wie diese Gemeinsamkeit möglich werden wird, fügt Paulus in die Vorstellung vom Endgeschehen bei der Parusie die Vorstellung von der Auferstehung der Toten ein (4,16b). Weil es dann aber zwischen Lebenden und Toten wirklich weder Vorteil noch Nachteil gibt, darf das eigentliche Problem der Thessalonicher (warum ist die Parusie immer noch nicht gekommen?) nicht ihre Hoffnung und damit ihren Glauben gefährden. Es darf für sie überhaupt nicht zu einem wirklichen Problem werden. Eine Erörterung der Terminfrage ist daher eigentlich unnötig (5,1), was die Thessalonicher doch auch wissen (sollten), wie Paulus hinzufügt (5,2). Da die Gemeinde aber (nicht nur wegen der Entschlafenen, sondern grundsätzlich auch um ihrer selbst willen) den Termin als Problem empfindet (was Paulus als glaubensbedrohend durchschaut), zeigt er ihr, wie sie damit fertigwerden kann.

Auf dem Hintergrund der an der Zukunft orientierten Vorstellung (die als solche natürlich nicht bestritten wird) betont Paulus, daß es dennoch entscheidend gerade nicht darauf, sondern auf die Gegenwart ankommt: Als «Söhne des Tages», die die Thessalonicher (nicht erst werden, sondern jetzt schon) sind, können sie den «Tag» in die Gegenwart hereinkommen lassen, und zwar in ihrem Wandel (5,4–9).Tun sie das, wird jede Termindiskussion nicht nur nebensächlich, sondern sogar ganz überflüssig. Das konkrete Problem der Thessalonicher um die Entschlafenen (4,13) löst sich nach diesen Ausführungen des Paulus buchstäblich in nichts auf: Es ist gleichgültig, ob die Gemeinde zu den Wachenden oder zu den Schlafenden (= den Entschlafenen) gehört (5,10). Alle werden am Ende zusammen mit dem Herrn leben (5,10 = 4,17). Damit ist das mit dem ersten Stichwort Bezeichnete wirklich zu Ende geführt; und es wird deutlich, daß dieser ganze Abschnitt des Briefes von 4,13 bis 5,11 eine geschlossene Einheit bildet, die man auf keinen Fall in zwei zu unterscheidende Themenkomplexe unterteilen darf.

In der Einzelexegese soll das skizzierte Gesamtbild noch etwas präzisiert werden (wobei diese Präzisierung ihrerseits wieder das Gesamtbild bestätigen kann). Dabei ist in erster Linie darauf zu achten, wie Paulus vorhandene Vorstellungen und auch formuliertes Traditionsgut aufnimmt und durch Zusammenstellung interpretiert.

Die *Sorge* (nicht gleich: die Trauer) der Thessalonicher um ihre Entschlafenen **(4,13)** hat nicht darin ihren Grund, daß bei der Gemeinde ein Informationsdefizit an Vorstellungen vorliegt. Wäre das der Fall, könnte Paulus nicht auf «die übrigen» verweisen, die keine Hoffnung haben. Vorstellungen über ein Leben nach dem Tode gab es in verschiedenen Gestalten auch in der heidnischen Umgebung der Thessalonicher. Insofern waren auch Heiden damals keineswegs ohne Zukunftshoffnung. Paulus möchte aber verhindern, daß aus der Sorge der Gemeinde um ihre Toten *Trauer* wird. Das nämlich würde bedeuten, daß bei ihr ein «Mangel des Glaubens» (3,10) vorliegt. Glauben heißt ja nicht einfach, davon überzeugt sein, daß die Zukunft (im Rahmen einer bestimmten Vorstellung) Heil bereithält, sondern Glauben heißt, im gegenwärtigen Leben von diesem kommenden Heil bestimmt sein (1,10;.2,12; 3,13). Dann aber kann in einem Leben im einbrechenden Heil die Trauer keinen Platz haben. Da bei den Heiden im Wandel offenbar wird, daß sie Gott nicht kennen (4,5), da «die übrigen» in ihrem Wandel zeigen, daß sie Schlafende sind (5,6!), sind sie ohne Hoffnung, weil sie ohne Glauben sind. Angesichts ihrer konkreten Sorge ruft Paulus also die Thessalonicher erneut in den Glauben hinein, indem er an «den übrigen» zeigt, wohin ein Herausfallen aus dem Glauben führen kann: in Trauer und Hoffnungslosigkeit.

Für die Thessalonicher gilt jedoch gerade das (eigentlich) nicht, wie die Ausführungen des **V. 14** zeigen. Meist übersetzt man den Anfang: «Wenn wir glauben ...». Die griechische Form des Verbums (Indikativ, nicht Konjunktiv) bringt aber zum Ausdruck, daß nicht von einer Bedingung («falls») die Rede ist, sondern von einer Wirklichkeit. Korrekt ist also zu übersetzen: «Wenn wir glauben – und das tun wir doch –: ...». Daran schließt sich eine alte (von Paulus übernommene) Bekenntnisformel an: «Jesus ist gestorben und auferstanden». Als Fortsetzung würden wir nun erwarten: Also wird Gott auch die Toten auferwecken. Dann würde die Auferstehung Jesu die Auferweckung der Toten begründen. Doch genau das sagt Paulus nicht. Wir müssen uns genau an den Text halten und dürfen nicht Gedanken einlesen, die uns vielleicht naheliegen. Paulus redet hier nicht von der Auferweckung der Toten, sondern er nimmt ein Motiv aus der Parusievorstellung auf: «Gott wird die Entschlafenen mit Jesus zusammenführen» (vgl. V. 17); und zwar wird Gott das «um Jesu willen» tun. Das ist eine Kurzformel für die Aussage, daß Gott in der Vergangenheit (in Jesus) das Heil bereitet hat (vgl. 1,9b. 10a). Diese Wendung sagt also noch einmal genau dasselbe, was die Bekenntnisformel am Anfang des Verses sagt. Schon früher wurde darauf hingewiesen, daß Paulus bei der Verwendung solcher Formeln mit den Inhalten variieren kann, man also die jeweils genannten Inhalte nicht pressen darf (vgl. S. 41). Immer wird der *ganze* Glaube ausgesagt. Wer glaubt, läßt sich auf ein Handeln Gottes in der Vergangenheit ein. Wer dann aber *wirklich* glaubt, läßt sich damit auch auf die *Konsequenz* («so auch» = dann folgt daraus) dieses Glaubens ein. Geht es beim Glauben um das Einlassen auf das Heil Gottes, dann ist es ein totales Glauben. Das ist es aber nur, wenn auch die Konsequenz total ist. Eine Beschränkung der Konsequenz nur auf die Lebenden verkennt die Totalität des Glaubens. Der Sinn dieses (etwas überladenen) Verses ist also: In der Sorge der Thessalonicher zeigt sich, daß sie ihrem Glauben Grenzen gesetzt haben; und eben diese Grenzen möchte Paulus entfernen. Glauben sie nämlich wirklich (und das tun sie doch), dann können die Entschlafenen nicht ausgeschlossen, dann müssen auch sie bei der Parusie dabei sein.

Der gleiche Gedanke wird **V. 15–17** weiter entfaltet. Paulus bringt ein «Wort des Herrn». Damit sagt er (zunächst formal), daß er zitiert. Dieses Zitat kann aber nicht schon in V. 15 vorliegen, denn die 1. Person pluralis kann mit diesem Inhalt natürlich nicht ein «Herrenwort» wiedergeben. Das Zitat liegt dann also V. 16–17 vor; und in V. 15 faßt Paulus (den Gedanken aus V. 14 wiederholend) vorausnehmend zusammen, was er mit V. 16–17 erläutern will: «Wir, die Lebenden, die bis zur Parusie Übrigbleibenden, sind gegenüber den Entschlafenen nicht im Vorteil». Es besteht also kein Grund zur Sorge. Das ist der von Paulus beabsichtigte Skopus der V. 16–17. Wenn er die als «Wort des Herrn» bezeichnet, ist nicht an ein Wort des irdischen Jesus zu denken, aber auch nicht an ein Wort, das der Erhöhte dem Apostel unmittelbar offenbart hat. Es handelt sich vielmehr um eine Parusieweissagung aus der frühen urchristlichen Gemeinde, die durch Tradition zu Paulus gekommen ist, um einen «Prophetenspruch», aus dem nach urchristlicher Überzeugung der Herr redet.

Nun zeigt die Analyse dieser Verse, daß Paulus zwei übernommene Traditionen miteinander verbindet, die sich beide apokalyptischer Vorstellungen bedienen. Die eine Tradition ist an der Parusie orientiert: Der Herr wird vom Himmel herabkommen; dabei «nähert» er sich zunächst nur der Erde, denn die Menschen werden auf Wolken ihm entgegen entrückt werden, um ihn zu empfangen und ihn dann (zur Erde) einzuholen. Das ist ein ursprünglich in sich geschlossenes Bild. Da hinein fügt Paulus die Vorstellung von der Auferstehung der Toten. Warum er das tut, ist aus dem ganzen Kontext eindeutig zu erkennen. Das Bild bleibt auf die Parusie ausgerichtet. Da aber die Entschlafenen von ihr nicht ausgeschlossen sein können (V. 14!), müssen sie nun auch in die Vorstellung eingebaut werden: Sie werden zunächst auferstehen. Gerade in der Verschmelzung dieser beiden Vorstellungskomplexe kommt das eigentliche Anliegen des Paulus zum Ausdruck. Es geht ihm eben nicht in erster Linie darum, eine genauere Information über das Bild von der Zukunft zu vermitteln. Dagegen spricht einerseits, daß das nun entstandene Bild in seinen Konturen verwischt worden ist. (Zur Auferstehung der Toten kommt der Herr ja noch nicht wirklich zur Erde, sondern er bleibt im Abstand zu ihr; die Menschen werden ihm entgegen entrückt.) Dagegen spricht andererseits, daß Paulus, wenn es dem Interesse seiner Aussagen in einem anderen Kontext dient, auch andere Motive in seine Parusievorstellung hineinnehmen kann (z. B. das der Verwandlung der Lebenden, 1. Kor. 15,51f.). So läßt sich aus den paulinischen Briefen kein in sich geschlossenes Bild von der Vorstellung des Apostels über die Endereignisse gewinnen. Das Interesse des Paulus kann daher auch kaum darin bestanden haben, seine Gemeinden korrekt über Vorstellungen zu informieren (die zudem ausnahmslos nicht christlichen Ursprungs sind). Woran ihm wirklich lag, erkennt man erst, wenn man darauf achtet, wie Paulus jeweils Vorstellungen *benutzt*. Wenn er hier nun in den Komplex Parusie das Motiv Auferstehung einfügt, will er herausstellen, daß «die Toten in Christus» (d. h. die Toten, die als Lebende «in Christus» waren) wirklich keinen Nachteil haben. Allein das ist ihm wichtig, denn indem Paulus den Thessalonichern diese ihre Sorge nimmt, hilft er ihnen wieder in unbegrenztes Glauben hinein (V. 13f.): *Alle* werden mit dem Herrn zusammenkommen. Das spricht der Apostel der Gemeinde zu; und **(V. 18)** mit diesem Zuspruch sollen die Thessalonicher sich gegenseitig ermuntern. – Die Aussage aber, daß da, wo wirklich geglaubt wird, solches Glauben immer grenzenlose Hoffnung einschließt, ist von den jeweiligen Vorstellungen unabhängig, darum auch von dem «Irrtum» des Paulus über die Nähe der Parusie.

Die anschließenden – grundsätzlichen – Ausführungen bestätigen das, denn hier lenkt nun der Apostel selbst ganz bewußt den Blick der Thessalonicher gerade von den Vorstellungen weg. – **5,1** formuliert er das (eigentliche) «Problem» der Gemeinde: die Frage nach «Zeiten und Stunden», also nach dem Termin der Parusie. Es ist unnötig, der Gemeinde darüber zu schreiben, da sie weiß, daß der Tag des Herrn wie ein Dieb in der Nacht kommt **(V. 2)**. Dessen Kommen ist *unberechenbar*. Darum ist es nicht nur unmöglich, sondern auch sinnlos, Berechnungen irgendwelcher Art anzustellen. Im Bereich der Apokalyptik, der diese Vorstellungen entstammen, war das zwar üblich. Das Bild vom Dieb in der Nacht begegnet dort jedoch nicht. Indem Paulus es hier einbringt, überholt er apokalyptische Spekulationen. Durch Modifizierung der Vorstellung nimmt er den Thessalonichern die Möglichkeit, sich weiter an dieser Vorstellung zu orientieren: Christen sollen sich gerade nicht auf die Zukunft fixieren; für sie kommt es vielmehr darauf an, immer (und also gerade jetzt!) bereit zu sein, obwohl um sie herum sichtbar noch die alte Welt weiterläuft. Wer sich dennoch von ihr bestimmen läßt und sich der trügerischen Meinung hingibt, noch Zeit zu haben, wer nach der Parole «Friede und Sicherheit» lebt **(V.3)**, verfällt einer lebensgefährlichen Täuschung. Der Tag kommt nicht nur unversehens und dann plötzlich, sein Kommen ist auch *unausweichlich,* wie Paulus mit dem Bild von der Schwangeren erläutert. Wer also nicht jeden Tag bereit ist, den wird der Tag unvorbereitet finden. Dann aber kommt mit dem Tag Verderben über ihn.

Nun ist dieses Warten auf den Tag in wachsamer Bereitschaft keine formale Angelegenheit, sondern eine durchaus gefüllte (vgl. 1,9b–10; 3,12f.). Mit verschiedenen Bildern und Gegensatzpaaren erläutert Paulus **V. 4–8**, daß die Entscheidung über die Zukunft in der Gegenwart fällt. Das ist aber nicht in dem Sinne gemeint, daß die Zukunft den Lohn für gegenwärtiges Tun bringen wird, sondern: Im gegenwärtigen Wandel wird die Zukunft vorweggenommen. Die sogenannte futurische Eschatologie (die an Vorstellungen über die Zukunft orientiert ist) wird in präsentische Eschatologie übergeführt: Die Vorstellung von der Naherwartung der Parusie wird in den Wandel hineingenommen, denn jetzt soll im Wandel (und zwar: in jedem Augenblick, immer neu) sichtbar werden, was (im Rahmen der Vorstellung) erst von der Zukunft erwartet wird. In *diesem* Sinne leben Christen also beständig in Naherwartung, ohne doch an spekulativen Vorstellungen orientiert zu sein. – Zunächst spricht Paulus die Thessalonicher darauf an, daß sie doch nicht «in der Finsternis» leben, weil in ihrem Leben das Licht des kommenden Tages schon aufstrahlt **(V. 4)**. Warum das gerade von dieser Gemeinde gilt, hat der Apostel ihr fast den ganzen Brief hindurch vielfältig immer wieder vor Augen gestellt. Darum *kann* der Tag sie auch gar nicht überraschen. Vom Glauben und Wandel der Thessalonicher aus schließt Paulus dann auf sie selbst zurück. Da sie «so wandeln» (vgl. 4,1. 10), muß von ihnen gelten: Sie *sind* «Söhne des Lichts» und «Söhne des Tages» **(V. 5)**. Der Begriff «Sohn» entstammt hebräisch-semitischer Ausdrucksweise. Er drückt die Zugehörigkeit zu einer Art, zu einer Macht oder einem Bereich aus. Wenn ein Mensch z. B. als «Sohn der Armut», «Sohn der Freude», «Sohn der Treue» (aber auch: als «Sohn Gottes») bezeichnet wird, heißt das, daß er von dieser jeweils genannten Größe ganz und gar bestimmt ist. «Söhne des Lichtes» und «Söhne des Tages» sind die Thessalonicher also, weil sie *jetzt schon* ganz vom (kommenden) Licht und vom (kommenden) Tag bestimmt sind. Ihr Festhalten am Evangelium Gottes trotz Anfechtung und Bedrohung (3,6), ihr von Christus geprägter Wandel (1,6), die Ausstrahlung ihres Glaubens auf andere (1,7–9a) und auf Paulus (3,7f.) zeigen doch einfach, daß sie (und jetzt schließt der Apostel durch den Wechsel von der 2. zur 1. Person sich und alle Glaubenden ein) weder der Nacht noch der Finsternis gehören. Da sie das alles schon mitbringen, ermuntert Paulus sie **(V. 6)**, nicht da herauszufallen, um dann wie «die übrigen» (vgl. 4,13) zu schlafen, sondern zu wachen und nüchtern zu sein. Hier begegnet also wieder (wenn auch variiert) das Motiv, «Fortschritte zu machen» (3,10. 12; 4,1. 10). Den Gegensatz verdeutlicht Paulus mit einem Bild aus dem Alltagsleben **(V. 7)**: *Nachts* schläft man; *nachts* ist man betrunken. Zwar leben auch noch die Christen inmitten dieser alten Welt; da sie aber dem Tag angehören, können sie nüchtern sein **(V. 8)**. Das fällt ihnen jedoch nicht einfach zu, sondern das muß immer neu gestaltet werden (Naherwartung!); und immer nur, wenn Christen das gestalten, (werden und) sind sie, was sie «sind».

Daß es genau um diese Spannung geht, zeigt ein Vergleich mit 1,3. Was zu gestalten ist, drückt Paulus mit der Trias Glaube/Liebe/Hoffnung aus. Hatte er sie dort mit der anderen Trias Werk/Mühe/Geduld kombiniert, brachte er damit zum Ausdruck, daß die Thessalonicher ihren Wandel in Hingabe bewährt haben und bewähren (vgl. S. 35). Jetzt kombiniert Paulus mit dem zweigliedrigen Bild von der Waffenrüstung: Panzer/Helm (vgl. Jes. 59,17), was zu einer formal nicht ganz ausgeglichenen Formulierung führt. Deutlich ist jedoch, was er mit dieser (im Dienst der Interpretation stehenden) Kombination ausdrücken will: Es gilt, sich darum zu mühen, den Wandel immer neu zu gestalten, wobei die Gestaltung als Kampf gegen die Versuchungen durch die Mächte der «Nacht» bezeichnet wird. Diesen Kampf haben die

Thessalonicher ja aber schon erfolgreich geführt (1,3); darum können (und sollen) sie es weiter tun. Da sie (durch ihre «Erfolge» in diesem Kampf) wissen, daß sie «erwählt» sind (1,4), werden sie nun (wenn sie sich diesem Kampf weiter stellen) erfahren, daß Gott sie nicht zum «Zorn» bestimmt hat (vgl. 2,16; 4,6b), sondern zur «Erlangung des Heils». Das griechische Wort an dieser Stelle kann sowohl «Erwerbung» als auch «Besitz» heißen. Ausgedrückt wird dadurch (ähnlich wie 4,3), daß es sich um einen *Prozeß* handelt. Auf ihn lassen die Thessalonicher sich (immer wieder) ein, wenn sie «glauben» (was sie ja auch tun; vgl. 4,14), und das heißt, wenn sie sich auf das Heil einlassen, das Gott in der Vergangenheit bereitet hat. Das drückt Paulus wieder durch zwei Glaubensformeln aus, die er kombiniert: «um unseres Herrn Jesu Christi willen», und: «der für uns gestorben ist» (vgl. S. 41.67).

V. 10 kommt Paulus dann ganz auf den Anfang (4,13) zurück. Die Verben «wachen» und «schlafen» beziehen sich jetzt nicht mehr auf den Wandel (wie V. 6), sondern bezeichnen Lebende und Entschlafene. Wenn geglaubt wird, wenn also der kommende Tag jetzt wirklich gelebt wird, dann schließt dieses Glauben die Hoffnung des kommenden Tages immer mit ein: *Alle* werden zusammen mit dem Herrn leben. – Bezeichnend ist nun wieder der Abschluß des Gedankenganges **V. 11**. Lag zuletzt der Akzent stärker auf dem Imperativ (auf Grund des Indikativs), so lenkt Paulus am Ende zu einer ausdrücklichen Konstatierung des Indikativs zurück. Hatte der Apostel die Thessalonicher ermuntert, in ihrem Leben das Gestalt werden zu lassen, was sie «sind», so fordert er sie jetzt zwar auf, diese Ermunterung selbst zu übernehmen und so sich gegenseitig zu helfen – und schließt dennoch wieder mit dem für den ganzen Brief charakteristischen Gedanken: Die Thessalonicher tun es ja schon! – So mag zwar dieser ganze Abschnitt der Gemeinde manche neue Einsicht vermitteln; er ist dennoch nichts anderes als eine Entfaltung des schon gelebten Glaubens und damit eine Weiterführung auf dem Wege.

5,12–24   Einzelermahnungen

12 Wir bitten euch aber, Brüder, die anzuerkennen, die sich in eurer Mitte [um euch] mühen, die für euch sorgen im Herrn und euch zurechtbringen. 13 Haltet sie wegen ihres Tuns ganz besonders hoch in der Liebe, [und] haltet Frieden mit ihnen. 14 Wir ermahnen euch aber, Brüder: Bringt die Unordentlichen zurecht! Ermuntert die Kleinmütigen! Nehmt euch der Schwachen an! Habt mit allen Geduld!
15 Seht zu, daß keiner einem anderen Böses mit Bösem vergelte, sondern erstrebt allezeit das Gute füreinander und für alle! 16 Freut euch allezeit! 17 Betet unablässig! 18 Sagt Dank bei allem! Das ist nämlich der Wille Gottes in Christus Jesus für euch.
19 Unterdrückt den Geist nicht! 20 Verachtet nicht prophetische Rede! 21 Prüfet alles! Das Gute behaltet; 22 haltet euch [aber] von jeder Art Schlechtem fern!
23 Er aber, der Gott des Friedens, heilige euch durch und durch und bewahre vollständig euren Geist, Seele und Leib untadelig bei der Parusie unseres Herrn Jesus Christus. 24 Treu [ist], der euch ruft. Er wird [es] auch tun.

Im Schlußabschnitt des Briefes wird die Weiterführung der Thessalonicher auf ihrem Wege nun noch an einigen Punkten konkret. Wenn auch manche der Ermahnungen im Grunde jeder Gemeinde gesagt werden könnten (vor allem V. 15–18) und man dann kaum auf besondere Probleme in Thessalonich zurückschließen darf, so er-

kennt man doch drei Themenkreise, die Paulus sehr wahrscheinlich nicht zufällig an-
spricht: das Verhältnis der Gemeinde zu einer Art «Leiterkreis» (V. 12f.), ein durch
Unsicherheit verursachtes Fehlverhalten einiger Christen (V. 14) und den Versuch,
einige frühere (antienthusiastische) Ausführungen im Brief vor Mißverständnissen
zu schützen (V. 19–22). Man wird sich aber sehr hüten müssen, die erkennbaren
Probleme hochzuspielen, sondern muß auch jetzt den Tenor des ganzen Briefes im
Auge behalten. Die Schlußermahnungen nehmen von dem, was Paulus 3,6–8 geschrieben hat, nichts zurück. Und könnte man wegen der Fülle der hier begegnenden Imperative (trotz V. 16b) auf den Gedanken kommen, daß die Anordnungen
«gesetzlichen» Charakter haben, dann tritt Paulus selbst dem durch die abschließen-
de Zusammenfassung (in der Form eines Gebets) entgegen: Jedes konkrete Tun ist
Gestaltung der Heiligung durch den Gott des Friedens (V. 23f.).

V. 12f. knüpfen unmittelbar an V. 11 an. Wurden die Thessalonicher dort zu ge-
genseitiger Ermunterung aufgerufen und konnte Paulus feststellen, daß die unter ihnen geschieht, so liegt es dennoch in der Natur der Sache, daß solche Ermunterung
nicht von jedem einzelnen Gemeindeglied in gleichem Maße durchgeführt werden
kann. (Später wird Paulus das so ausdrücken, daß es unterschiedliche Gnadengaben
und damit unterschiedliche Begabungen gibt; 1. Kor. 12. 14.) Einige tun das in besonderer Weise; und insofern bildet sich so etwas wie ein «Leiterkreis» heraus. Man
darf sich den aber nicht als institutionelle Einrichtung vorstellen. «Ämter» (im
späteren kirchenrechtlichen Sinne) gab es in den paulinischen Gemeinden noch
nicht. Es handelt sich vielmehr um Christen, die das Charisma haben und ausüben,
sich um andere zu «mühen», für sie zu «sorgen», sie auch «zurechtzubringen». (Das
mittlere Verbum kann zwar mit «vorstehen» übersetzt werden. Wenn aber gemeint
wäre, daß «Vorsteher» sich um die anderen mühen und sie zurechtbringen, dann
müßte dieses Verbum am Anfang stehen. So wird man hier nicht den Gedanken der
Gemeinde*führung* eintragen dürfen und muß daher in diesem Kontext die Übersetzung «sorgen» vorziehen.) Da diese Menschen aber in ihrer Tätigkeit von manchen
als lästig empfunden werden konnten (und durch ihr Zurechtbringen im Blick auf
das V. 14 Gesagte offenbar auch gelegentlich als lästig empfunden wurden), bittet (!)
Paulus die Thessalonicher, sie gerade wegen ihres Tuns ganz besonders hoch in
der Liebe zu halten und den Frieden mit ihnen zu wahren. (Einige Handschriften lesen an dieser Stelle eine Aufforderung zum Frieden «untereinander», statt «mit ihnen». Sachlich ist der Unterschied nicht groß. Aus dem Zusammenhang ist es aber
wahrscheinlicher, daß es um Frieden zwischen den Zurechtgewiesenen und denen
geht, die sie zurechtweisen. Das «untereinander» gehört erst in den Zusammenhang
der V. 14–18.) – Auch wenn der Apostel es nicht ausdrücklich sagt, schwingt hier
mit, daß dieser besondere Kreis eben das tut, was Paulus bei seiner Anwesenheit
selbst tun würde.

Dennoch weist er nun nicht *ihm* die konkreten Aufgaben zu, sondern wendet sich
V. 14 ausdrücklich an *alle*, was die erneute Anrede deutlich macht. Das heißt aber:
Einzelne können zwar bestimmte Funktionen übernehmen; sie übernehmen diese
jedoch im Auftrag und im Namen aller. Werden dann also bestimmte Funktionen
von einzelnen wahrgenommen, sind die übrigen deswegen dennoch nicht von ihnen
dispensiert, denn zumindest grundsätzlich bleiben es stets auch ihre Funktionen.
(Später wird man diesen Gedanken als «Priestertum aller Gläubigen» formulieren.)
– Aus der Situation in Thessalonich werden die vier Einzelermahnungen unmittelbar verständlich. Die «Unordentlichen» dürften die Enthusiasten sein, die wegen
der Nähe der Parusie die Dinge des Alltags nicht mehr ernst nehmen. Die Aufforde-

rung, sie «zurechtzubringen», ist also eine Zusammenfassung des 4,10–12 Gesagten. Die «Kleinmütigen» und die «Schwachen» dürften die besonders Angefochtenen sein, die durch die erlittene Verfolgung (2,14) unsicher geworden sind oder die von der Sorge um die Entschlafenen (4,13) umgetrieben wurden. Daß sie «ermuntert» werden sollen, faßt das 2,1–16 Gesagte zusammen. Daß man sich ihrer «annehmen» soll, soll im Sinne der Ausführungen 4,13–5,11 geschehen. Paulus bringt ganz offensichtlich viel Verständnis dafür auf, daß in dieser im Durchhalten ihres Christseins ungeübten Gemeinde solche Unsicherheiten im Glauben entstehen können. Die Thessalonicher sollen mit diesen Menschen behutsam umgehen. Darum mahnt er, mit solchen Angefochtenen Geduld zu haben.

Der Gedanke, daß die «Starken» die «Schwachen» nicht aufgeben dürfen, daß jeder vielmehr an den anderen gewiesen bleibt, wird **V. 15–18** weitergeführt. Wenn schon einmal durch jemanden Böses geschieht, darf das die Gemeinde nicht auseinanderbringen. Schon um der Gemeinde selbst willen darf das nicht geschehen. Die Thessalonicher sollen nicht müde werden, füreinander das Gute anzustreben. Sie sollen das aber auch für die Außenstehenden tun (vgl. 4,12). – Die folgenden Imperative sind zwar relativ lose aneinandergefügt, dennoch insofern aufeinander bezogen, als sie mit den Motiven Freude, Gebet und Danksagung auf Aspekte hinweisen, die in einer «heilen» Gemeinde gelebt werden, wobei im speziellen Fall der Thessalonicher der Aufruf zur Freude vielleicht in Beziehung zu 1,6 gesehen werden muß. In solchem Wandel gewinnt der Wille Gottes (und damit die Heiligung; vgl. 4,3 und 5,23) in der Gemeinde Gestalt. Daß das der Wille Gottes «in Christus Jesus» ist, erinnert wieder an das Motiv des Geprägt-Seins durch den Herrn (vgl. S. 39).

Klingen die konkreten Ermahnungen zum Teil sehr nüchtern (und darum anti-enthusiastisch) und hatte Paulus sowohl 4,9–12 als auch 4,13–5,11 enthusiastische Überspanntheit in einen Wandel in Alltagsverantwortung übergeführt, so bemüht er sich **V. 19–22** nun doch, ihn nicht einfach darin aufgehen zu lassen: Der Geist soll nicht unterdrückt (man kann sogar übersetzen: nicht ausgelöscht), prophetische Rede soll nicht verachtet werden. Immer wieder kann es nämlich geschehen, daß inmitten «geordneten» Lebens Außerordentliches und Ungewöhnliches geschieht, und zwar als Wirkung des Geistes und dann interpretiert und begründet durch prophetische Rede. Insofern behält auch ein Enthusiasmus durchaus sein Recht. Nur kommt es darauf an, ihn kritisch zu prüfen. Nicht alles, was sich als Wirkung des «Geistes» ausgibt, ist deswegen schon wirklich Wirkung des Geistes *Gottes*. Aber wenn es sich nach der Prüfung als «gut» erweist, dann soll es als Wirkung des Geistes (Gottes) akzeptiert werden. Vom «Schlechten» dagegen sollen sich die Thessalonicher fernhalten (auch wenn es sich auf den «Geist» beruft). So wird also, wenn auch sehr allgemein, ein Kriterium für die Prüfung angegeben. (Später wird Paulus sagen, daß auch die Unterscheidung der Geister ein Charisma ist; 1. Kor. 12,10.)

V. 23f. läßt der Apostel nun auch den zweiten Teil des Briefes (ganz ähnlich wie 3,11–13 den ersten Teil) zusammenfassend in ein Gebet einmünden. Wenn er betont den «Gott des Friedens» anruft, dann muß Friede im Sinne des hebräischen *schalom* verstanden werden (vgl. S. 31). Das Wort meint mehr, als was wir meist mit dem Begriff Frieden verbinden. Es drückt das Ganze, das Heile aus. Eben dieses «Bild» Gottes möchte sich den Thessalonichern einprägen: Auch sie werden dann «Heil» leben. Hier begegnet (und im Neuen Testament nur an dieser Stelle) der Mensch in der Dreiteilung von Geist, Seele und Leib. Paulus will damit aber keine anthropologische Definition vermitteln, sondern er bringt mit dieser (auch im Hellenismus begegnenden) Dreiteilung in möglichst umfassender Weise zum Ausdruck, daß die Heiligung des Menschen durch den prägenden Gott den *ganzen* Menschen bestimmt und gestaltet, in seinem Denken, Wollen und Tun. Daß der Gott des Heils die Thessalonicher in solcher Heiligung heil «bewahren» möge, deutet wieder an, daß Heiligung ein Prozeß ist, der sich immer wieder vollziehen will (vgl. S. 59.61). Geschieht das bei ihnen, kann sie der Tag nicht wie ein Dieb überraschen (5,4), sondern sie werden bei der Parusie «untadelig bewahrt» erfunden werden. Gott bewahrt sie aber, indem er sie «ruft» (Präsens!). In diesem beständigen Rufen erweist sich Gottes Treue. Das aber kann die Thessalonicher schließlich nur zu der Gewißheit führen: Was Gott mit ihnen angefangen hat und beständig immer weiter tut, das wird er auch zur Vollendung führen.

5,25–28   Briefschluß

25 Brüder, betet für uns. 26 Grüßt die Brüder alle mit dem heiligen Kuß. 27 Ich beschwöre euch bei dem Herrn, daß der Brief allen Brüdern vorgelesen werde. 28 Die Gnade unseres Herrn Jesus Christus [sei] mit euch.

Wenn Paulus den Brief bisher diktiert hat, muß man sich den jetzt folgenden Briefschluß als eigenhändigen Nachtrag vorstellen (vgl. S. 31). Möglich ist aber auch, daß dieser erst mit V. 27 begann, da hier wieder (vgl. S. 53) ein Übergang zur 1. Person singularis vorliegt.

V. 25f. müssen im Zusammenhang mit 1,1 gesehen werden. Zunächst begegnet das Motiv der Gemeinsamkeit zwischen Gemeinde und Apostel: Nach der Fürbitte des Paulus für die Thessalonicher (V. 23f.) bittet er nun seinerseits die Thessalonicher, «für uns» zu beten. Wenn sie sich dann mit dem «heiligen Kuß» zusammenschließen, ist das zugleich ein Gruß des Apostels (und seiner beiden «Mitabsender» Silvanus und Timotheus) an sie alle (vgl. S. 33). – Dieser heilige Kuß muß eine verbreitete urchristliche Begrüßungsform gewesen sein, die man beim Zusammenkommen als Ausdruck der besonderen Gemeinschaft übte (vgl. 1. Kor. 16,20; 2. Kor. 13,12; Röm. 16,16) und von der wir wissen, daß sie später liturgischer Brauch bei der Feier des Herrenmahls wurde.

Daß Paulus die Leser **V. 27** «beschwört», diesen Brief allen vorzulesen, sollte man nicht dadurch überinterpretieren, daß man daraus auf schwere Spannungen in der Gemeinde schließt. Man muß sich nur einmal vorstellen, wie es aussah, wenn ein solcher Brief in Thessalonich ankam. Nur wenige konnten lesen. Für sie mußte das Schreiben des Apostels eine ungewöhnliche Kostbarkeit sein. Nun reichte es aber nicht aus, den Brief nur einmal vorzulesen, sondern die, die lesen konnten, sollten sich um der anderen willen der Mühe unterziehen, den Brief wiederholt vorzulesen. Das macht die Dringlichkeit der Bitte verständlich.

Das letzte Wort ist ein Wort des Segens **(V. 28)**. Hatte Paulus der Gemeinde 1,1 «Gnade und Friede» zugesprochen und gegen Ende des Briefes mehrfach den Frieden betont (V. 13. 15. 23), so betont er jetzt noch einmal die Gnade. Mit diesem Begriff ist das, was nach Paulus das Christsein ausmacht, auf die kürzeste Formel gebracht.

Der 1. Thess. im Rahmen der Paulus-Briefe

In der Reihenfolge des neutestamentlichen Kanons steht der 1. Thess. inmitten anderer Paulus-Briefe. Tatsächlich steht er dort sogar fast an ihrem Ende, denn nach nahezu einhelliger Überzeugung der Forschung stammen die nachfolgenden Briefe mit Ausnahme des kleinen Briefes an Philemon (2. Thess., 1., 2. Tim., Tit.) nicht von Paulus. Wie es zu dieser Reihenfolge kam (in früheren Kanonsverzeichnissen finden sich auch andere Reihenfolgen), läßt sich nicht ganz sicher sagen. Bestimmt hat dabei die Ordnung nach der Größe, wahrscheinlich auch nach dem «theologischen Gewicht» eine Rolle gespielt. Die jetzt vorliegende Reihenfolge führt oft zur Konsequenz, daß man den Zugang zur Theologie des Paulus vom Röm. aus gewinnt. Man kann ihn ja auch ohne Zweifel als den reflektiertesten Brief des Apostels bezeichnen. Anschließend erst wendet man sich den folgenden Briefen zu und zieht die letzten im allgemeinen nur noch zur Abrundung des Bildes heran. Wenn einem daran liegt, die Theologie des Paulus systematisch zusammenzufassen und darzustellen, ist ein solches Vorgehen zumindest verständlich. Daß es dennoch nicht ohne Problematik ist, macht man sich nur selten klar. Eben deswegen soll darauf noch mit einigen wenigen Hinweisen eingegangen werden. Dabei kann es in diesem Zusammenhang in erster Linie nur auf das methodische Problem ankommen. Eine inhaltliche Füllung würde den hier gebotenen Rahmen sprengen, da sie zu einer Darstellung der Theologie des Paulus führen würde.

Nach nahezu einhelliger Meinung der Forschung ist der 1. Thess. der älteste erhaltene Brief des Paulus, der Röm. jedoch sein letzter Brief. Die historische Reihenfolge ist hier also gerade umgekehrt gegenüber der Reihenfolge im Kanon. Schon ein flüchtiger Blick auf diese beiden Schreiben zeigt, daß im 1. Thess. nur sehr wenige im engeren Sinne theologische Darlegungen begegnen, während der Röm. fast wie eine durchgehende theologische Abhandlung wirkt. Dieser unterschiedliche Charakter kann natürlich mit den jeweils angeschriebenen Gemeinden und mit ihrer jeweiligen Situation zusammenhängen; und ohne Zweifel ist das zumindest *auch* der Fall. Die Gemeinde in Thessalonich hat Paulus gegründet, die in Rom aber nicht; ja, bei der Abfassung des Röm. ist der Apostel noch nicht einmal in Rom gewesen. Dazu kommt, daß die Thessalonicher eine durchweg intakte Gemeinde waren, die Paulus ermuntern kann, auf ihrem Wege getrost und zuversichtlich weiterzugehen, während in Rom ganz offensichtlich eine Fülle von Problemen vorlagen, von denen Paulus gehört hat, zu denen Paulus jetzt (aus welchen Gründen immer[8]) Stellung nehmen muß und Stellung nimmt. Das alles kann den unterschiedlichen Charakter dieser beiden Briefe erklären, reicht aber allein schwerlich zur Erklärung aus.

Es gilt hier vielmehr, einen Gesichtspunkt zu berücksichtigen, auf den im Kommentar bereits mehrfach hingewiesen wurde: Im 1. Thess. finden sich eine Reihe von Gedanken, die in späteren Briefen weiter ausgeführt, manchmal auch präzisiert werden (vgl. S. 22.35.39.45.71.72). Insofern wird man sagen müssen, daß innerhalb der Paulus-Briefe so etwas wie eine Entwicklung vorliegt. Man muß nur genau bestimmen, worin die besteht.

---

[8]   Zu meiner Sicht des Problems vgl. W. Marxsen, Einleitung in das Neue Testament. Eine Einführung in ihre Probleme, 4. Aufl. Gütersloh 1978, S. 109–118.

Machen wir uns dazu zunächst klar, daß die erhaltenen Briefe des Apostels alle aus den etwa sechs letzten Jahren seines Wirkens stammen, und zwar aus der Zeit, in der er sich in den Ländern im Umkreis des Ägäischen Meeres aufhielt. Aus der früheren Zeit seines Wirkens liegen uns keine Dokumente von seiner eigenen Hand vor, obwohl es sich da um einen Zeitraum von mehr als eineinhalb Jahrzehnten handelt. Wie sahen damals Verkündigung und Theologie des Apostels aus?

Manches können wir rekonstruieren, denn mehrfach kommt Paulus in seinen Briefen auf seine Vergangenheit zu sprechen, am ausführlichsten Gal. 1,11–2,21. Hier (und gelegentlich auch sonst, wie etwa Phil. 3,6; 1. Kor. 15,9f.) stellt der Apostel heraus, was für ihn sein Christ-Werden bedeutete, und damit dann eben auch das, was er durch sein missionarisches Wirken nun auch anderen vermitteln wollte. Dabei erfahren wir auch, wie er sein Verständnis seines Evangeliums gegen ein anderes Verständnis verteidigt und durchgesetzt hat (Gal. 2,1–10) oder wie er es, wenn auch offenbar erfolglos, durchzusetzen versuchte (Gal. 2,11–21). Nur müssen wir, wenn wir aus solchen Aussagen die Vergangenheit des Paulus rekonstruieren wollen, an das denken, was uns mehrfach im 1. Thess. begegnet ist: Paulus stellt Vergangenheit nicht so dar, daß er gleichsam historisch-objektiv über sie referiert, sondern er tut das immer aus späterer Sicht. Er tut das zusammen mit den Erfahrungen, die er inzwischen gemacht hat. Er tut das in einer Begrifflichkeit, die er (zusammen mit seinen Erfahrungen) inzwischen herausgebildet hat (so begegnet, um nur ein Beispiel zu nennen, der für Paulus wichtige Begriff «Gerechtigkeit» noch nicht im 1. Thess.); und ebenfalls findet sich eine Modifizierung und Präzisierung von Begriffen. Schließlich aber geht Paulus immer so vor, daß er Vergangenheit (seine eigene und die der Gemeinden) zu einer Anrede an die jeweiligen Leser gestaltet. – Wenn man diese eigentümliche Art der «Darstellung» von Vergangenheit nicht beachtet, kann man leicht dem Kurzschluß verfallen, daß der Apostel sein Evangelium von seinem Damaskus-Erlebnis an immer in gleichbleibender Gestalt verkündigt hat.

Tatsächlich müssen wir jedoch, was die *Gestalt* betrifft, mit einer Entwicklung innerhalb des Wirkens des Paulus rechnen. Damit soll natürlich nicht gesagt sein, daß der Apostel die «Sache», um die es ihm früher ging, im Rückblick falsch darstellt. Die Gestalt jedoch, in der er seine Sache *früher* vortrug, läßt sich exakt kaum ermitteln. Unterstellen wir nun (und hier gibt es keinen ernsthaften Gegengrund), daß es Paulus immer um das Durchhalten derselben Sache ging, so wird uns die Gestalt, in der er die Sache vortrug, erst wirklich aus dem Zeitraum deutlich, aus dem uns schriftliche Dokumente von seiner Hand vorliegen. Wirklich erkennen können wir eben nur den «späten» Paulus – seit dem 1. Thess. Es spricht sehr vieles dafür, daß der Zwischenfall in Antiochien (Gal. 2,11–21), bei dem der Apostel, äußerlich gesehen, unterlag, in seinem Wirken eine Zäsur darstellt. Mit seinem Zug nach Westen begann wirklich etwas Neues, das auch sein eigenes Verständnis als «Apostel für die Heiden» modifiziert haben dürfte, wenngleich er es von seiner Bekehrung an datiert (Gal. 1,16). Möglicherweise hing mit dem Erlebnis in Antiochien für Paulus auch ein (erneutes?) Aufleben der Naherwartung der Parusie zusammen (vgl. S. 21). Doch selbst wenn das hypothetisch bleiben muß, wird man zu konstatieren haben, daß die Ausbildung der Gestalt des Evangeliums des Paulus, wie es uns vertraut ist, eine Konsequenz aus Erfahrungen ist, die er zur Hauptsache erst im Westen, d. h. im Raum um das Ägäische Meer, gemacht hat.

Aus der Korrespondenz des Apostels mit Korinth wissen wir, daß hier ein Enthusiasmus (vielleicht unter gnostischem Einfluß) das Evangelium des Paulus zu gefährden drohte. Die Briefe spiegeln wider, wieviel Mühe der Apostel darauf verwandt hat, diese Gefahr abzuwenden, was ihm schließlich auch gelungen sein dürfte. Die andere Gefährdung des paulinischen Evangeliums entstand durch Gegner mit judaisierenden Tendenzen, die auf das Gesetz als Heilsweg nicht verzichten wollten. Diese Auseinandersetzungen erkennen wir vor allem im Gal. und im Röm. Etwas vereinfacht kann man also davon reden, daß der Apostel einen Kampf gegen zwei Fronten zu führen hatte. Die Erfahrungen dieser Kämpfe schlugen sich dann in seiner Korrespondenz nieder. Sie bestimmten seine Argumentation und damit eben die *Gestalt*, in der er sein Evangelium entfaltete und präzisierte. – Von all dem ist im 1. Thess. aber noch gar nichts zu spüren. Genau das führt dann zu einigen Überlegungen und wohl auch Konsequenzen im Umgang mit den paulinischen Briefen.

1) Wer den Apostel verstehen will, sollte seine Briefe nicht in der Reihenfolge lesen, wie sie heute im Kanon vorliegt, sondern sollte sich an die Reihenfolge der Abfassung halten, das heißt aber, er sollte auf jeden Fall mit dem 1. Thess. beginnen und erst zum Schluß an den Röm. herangehen.

2) Zur Exegese des 1. Thess. sollte man die späteren Briefe nur mit großer Behutsamkeit heranziehen. Man darf eben nicht zu schnell unterstellen, daß Paulus das, was er in späteren Briefen (zum Teil durchaus polemisch) ausführt, im 1. Thess. schon ebenso (in dieser Gestalt) hat sagen wollen. – Wohl aber kann (und muß!) man bei der Exegese späterer Briefe die Aussagen des 1. Thess. berücksichtigen, denn hier werden (zumindest einige) Ansätze deutlich, die auf Grund späterer Erfahrungen weiter expliziert und präzisiert werden.

3) Es dürfte einigermaßen problematisch sein, eine Theologie des Paulus einfach systematisierend aus der Fülle der Einzelaussagen (womöglich an bestimmten Begriffen orientiert) zusammenzustellen. Grundsätzlich kann man das natürlich nicht ausschließen; doch gerade wenn man erkennt, daß sich im Laufe der Zeit auch die Begrifflichkeit weiterentwickelt, sollte man die Begriffe nicht vorschnell aus ihrem Kontext und damit aus den unterschiedlichen Situationen, in denen sie benutzt werden, lösen.

4) Ebenso problematisch ist es, wenn man meint, daß die Theologie des Paulus erst dann wirklich erfaßt sei, wenn man die Summe der Aussagen zusammengestellt hat. Man gerät dann leicht in eine doppelte Gefahr. Sie liegt einmal darin, daß man viele Aussagen für unvollständig hält. Tatsächlich ist es jedoch so, daß in jeder Aussage das ganze Evangelium des Paulus enthalten ist, auch wenn sie uns vielleicht «verkürzt» erscheint (vgl. im 1. Thess. das «Fehlen» der Erwähnung des Todes Jesu in 1,9b–10, das «Fehlen» des «für uns» gestorben in 4,13, das «Fehlen» der Auferweckung Jesu in 5,10). Gemessen an einer (systematisch zusammengetragenen) Theologie des Paulus «fehlt» in jedem Brief sehr viel, am meisten aber (sehen wir von dem kurzen Philem. ab) im 1. Thess. Paulus wollte doch aber ganz sicher keiner Gemeinde etwas vorenthalten. – Weil nun aber in jeder Aussage (und jedem Brief) das ganze Evangelium des Paulus enthalten ist, besteht, wenn man die Theologie des Apostels als Summe auffaßt, die andere Gefahr darin, daß man nicht mehr die Austauschbarkeit einzelner Aussagen gegeneinander erkennt. Viele *unterschiedliche* Begriffe und Vorstellungen begegnen doch in *gleicher* Bedeutung (vgl. im 1. Thess. die Anrede der Thessalonicher als «Söhne des Tages» und «Söhne des Lichtes» in 5,5, als solche, die angemessen dem Gott wandeln, der sie in seine Herrschaft und Herrlichkeit ruft in 2,12, als solche, die als «Nachahmer» des Apostels und des Kyrios von diesem «geprägt» sind und andere «prägen» in 1,6f. usw.).

5) Nimmt man nun aber für das Verstehen des Paulus und seiner Theologie den 1. Thess. als Ausgangspunkt und orientiert sich dabei an diesem Brief als einer in

sich geschlossenen Einheit, dann kommt noch ein wichtiger Zug in den Blick, der wohl einige Überlegungen wert ist, die bis in die gegenwärtige kirchliche Praxis hineinreichen. In den späteren Paulus-Briefen an die Gemeinden überwiegt das Moment der Belehrung (theologisch und ethisch), das sehr häufig seinen Grund in Auseinandersetzungen hat. So ist der verbreitete Eindruck entstanden, daß es entscheidend darauf ankommt, die Gemeinden durch *Belehrung* wieder auf den *richtigen* Weg zu bringen. Indem man für die gegenwärtigen Gemeinden (oft sicher unbewußt) das Bild jener Gemeinden voraussetzt, wird die Aufgabe der Verkündigung vor allem darin gesehen, die bestehenden Unsicherheiten in Glauben und Wandel aufzudecken, wenn nicht gar darin, die Irrtümer zu korrigieren. So steht dann häufig ein «Lehrvortrag» über die «richtige Theologie» im Vordergrund, der anschließend auf die konkrete Gemeinde bezogen wird. Da der 1. Thess. in dieses Gefälle nicht hineinpaßt, hat er (außer mit 4,13–5,11) im allgemeinen wenig Interesse gefunden. Der besondere Reiz dieses Briefes liegt nun aber *gerade* dort, wo man ihn für weniger interessant hält. Die Gemeinde in Thessalonich wird *zunächst* einmal auf den Glauben angesprochen, den sie *lebt*. Paulus macht ihr Erfahrungen bewußt, die sie im Leben dieses Glaubens (von den Anfängen an) gemacht hat. *Dann* erst führt er sie weiter, und nun durchaus auch unter Einbeziehung von (im engeren Sinne) theologischen Ausführungen.

Nun könnte man natürlich sagen: In diesem besonderen Fall der Gemeinde in Thessalonich war das eben möglich. Sollte das aber heute gar nicht mehr möglich sein? «Mängel des Glaubens» hatten die Thessalonicher auch (3,10). Deswegen setzt Paulus dennoch nicht mit diesen ein. Manche Predigten heute würden anders aussehen, wenn der Prediger *auch* an den Wandel der Gemeinde anknüpfte, an den (trotz «Mängel im Glauben») *guten* Wandel, über den doch bestimmt *auch* einiges zu sagen ist, und wenn er dann *von dort aus* die Gemeinde auf ihrem Wege weiterführen würde. Hilfreicher wären solche Predigten bestimmt, und darum würden sie sicher auch besser «ankommen».

Der 1. Thess. als Paradigma für heutige Predigt! Eben das könnte dieser Brief leisten. Und schon das müßte doch ein Grund sein, sich etwas mehr mit ihm zu beschäftigen, als es durchweg üblich ist.

Literaturhinweise

Ein *ausführliches Literaturverzeichnis* (Kommentare und Einzeluntersuchungen) hat *O. Merk* zusammengestellt im 1974 erschienenen Nachdruck von: E. v. Dobschütz, Die Thessalonicherbriefe, Göttingen 1909, S. 321–333.

Für *Leser ohne Griechisch-Kenntnisse* kann verwiesen werden auf:
G. Friedrich, Der erste Brief an die Thessalonicher, in: Das Neue Testament Deutsch, Band 8, 14. Aufl. Göttingen 1976, S. 203–251.
K. Staab, An die Thessalonicher I, in: Regensburger Neues Testament, Band 7/2, 3. Aufl. Regensburg 1959, S. 7–46.

Für *Leser mit Griechisch-Kenntnissen* sei (außer auf den obengenannten Kommentar von *E. v. Dobschütz*) verwiesen auf:
M. Dibelius, An die Thessalonicher I. II. An die Philipper (Handbuch zum Neuen Testament 11), 3. Aufl. Tübingen 1937.
H. Schlier, Der Apostel und seine Gemeinde. Auslegung des ersten Briefes an die Thessalonicher, Freiburg/Basel/Wien, 1972.

Eine *Teilungshypothese* (vgl. S. 26f.) vertritt:
W. Schmithals, Die historische Situation der Thessalonicherbriefe, in: Ders., Paulus und die Gnostiker, Hamburg 1965, S. 89–157 (noch einmal modifiziert: Ders., in: Göttinger Predigtmeditationen 30, 1976, S. 7 Anm. 3).
Kritik an diesen Hypothesen übt u. a.:
A. Suhl, Paulus und seine Briefe. Ein Beitrag zur paulinischen Chronologie, Gütersloh 1975, S. 92–110.

Stellenregister

a) *1. Thessalonicher* (Querverweise innerhalb des Kommentars)

b) *Verzeichnis der übrigen Bibelstellen*